I0697238

LA CONJURA

DE LOS

ILUSOS

El Nuevo Orden Mundial

Ricardo Beleta Guasch

©Ricardo Beleta Guasch, agosto, 2021

*"La verdad es útil a quien la escucha,
pero desventajosa para quien la dice,
porque lo hace odioso".*

Blaise Pascal

*"En tiempos de engaño universal,
decir la verdad es un acto revolucionario."*

George Orwell, *"1984"*

*"Una Dictadura Perfecta
tendría la apariencia de una democracia,
una cárcel sin muros,
en la cual los prisioneros no soñarían en eva-
dirse.
Un sistema de esclavitud,
gracias al sistema de consumo
y el entretenimiento,
los esclavos "tendrían el amor de su servitud".*

Aldous Huxley, *"Un mundo feliz"*

ÍNDICE

"Si no hago nada malo, no tengo nada

9

EL PRINCIPIO DEL FIN DE ROMA......119

PRIMERA PARTE

LA CONJURA

*"La primera medicina,
es saber la enfermedad."*

Creemos que la caótica situación en que nos encontramos es debida a que estamos en manos de unos políticos ineptos y corruptos, de un capitalismo que ha llegado a sus últimas, de unas constituciones pasadas de moda y de unas leyes que únicamente favorecen a los privilegiados; es decir, a que estamos en manos de un sistema injusto. La única solución, pensamos, es elegir a aquellos que nos propongan un nuevo sistema más "progresista", más "inclusivo", más "integrador" … Así de simple.

Sin embargo, nuestros males no son debidos a las diferencias "filosóficas" o "ideológicas en cuanto a la manera más justa de convivir, ni acerca del modelo económico que más podría satisfacer a la mayoría, ni qué cambios constitucionales y legislativos deberían hacerse. No… Nuestros actuales infortunios —ya sean económicos, políticos, sociales e incluso sanitarios—no son las causas, sino los **síntomas** de algo mucho más profundo.

Efectivamente, detrás de los acontecimientos de hoy en día, se está librando una brutal batalla entre el Bien y el Mal. Los personajes que parecen tan "importantes" en las decisiones mundiales, y objeto de nuestras iras, no son más que los peones de una fuerza mucho más poderosa y oculta. A cambio de poder, dinero y fama, estas incautas almas se han vendido a quien no son capaces ni de imaginar. Por más corruptos y corruptas que sean, no son nuestros verdaderos enemigos; ellos y ellas son tan víctimas como nosotros mismos.

Desde el principio de los tiempos se está desarrollando una tragedia con tres protagonistas:

1º) el Amor.
2º) su rival, el Odio.
3º) el Alma del Hombre.

Esta última es <u>el gran trofeo en disputa</u> en esta larguísima y cruenta guerra entre el Creador y el Destructor, entre la Verdad y la Mentira, entre el Bien y el Mal. Y, desde siempre, el Destructor ha contado con las tres armas más letales que existen para destruir al Alma humana: el Dinero, la Soberbia, y la más mortífera de todas: el Resentimiento-Envidia, hija predilecta del Odio.

1º El Dinero, hoy representado por unos incautos financieros que, tras arruinar a toda la sociedad occidental con su inconsciencia —a base de endeudarla totalmente— se creen que, a partir de ahora, se harán dueños de todo.

2º La Soberbia Inteligencia, hoy representada por los gigantes de la tecnología y sus "científicos", que, sin que se den cuenta, como los "financieros", no son más que los tontos útiles en esta tragedia.

3º El Resentimiento y la Envidia, hoy representada por la destructiva ideología social-comunista. A éstos no hace falta que nadie les engañe; siempre han tenido muy claro para quién trabajan… Como dijo Lenin, el fundador del sanguinario Estado Soviético (que, a pesar de su fracaso, todavía sirve de modelo y sueño para muchos): *"Debemos odiar. El odio es la base del comunismo"*

Y, como la más importante de éstas, en términos de *"capacidad de rápida destrucción"*, es el "Dinero", empezaremos hablando de los que tienen el poder para destruir la riqueza y la capacidad para generarla y, por tanto, el poder para acabar con la independencia y la soberanía tanto de las naciones occidentales como la de sus ciudadanos.

Empecemos, pues, hablando de cómo destruir lo que creemos indestructible...

1

CÓMO DESTRUIR LO QUE CREEMOS INDESTRUCTIBLE

"Hay dos formas de conquistar y esclavizar a una nación; una es la espada; la otra es la Deuda."

John Quincy Adams político 1767 - 1848

"En el 2030 no tendrás nada pero serás feliz."

La gran máxima del **Foro de Davos**

El "Gran Reset"

Todos nos damos cuenta de que la marcha de la economía mundial conduce directamente al abismo. No sólo se permite, sino <u>que se estimula a los países occidentales a que se endeuden ilimitadamente</u>, hasta el punto de que éstos <u>nunca puedan liquidar sus deudas.</u>

¿Es que los capitostes de la economía mundial se han vuelto locos? ¿Qué hay detrás de esta desenfrenada carrera hacia el inevitable colapso?

Simplemente están siguiendo al dedillo —repito, sin darse cuenta— las indicaciones de las fuerzas del Mal, cuya obsesión es destruir a la Civilización occidental. Y la manera más rápida para lograrlo es, en primer lugar, llevándose por delante a su economía…

He aquí las "previsiones" del Nuevo Orden Mundial (NOM) que, en 2017, no tuvo el más mínimo pudor en hacer públicas:

En 2030, ¡sin libertad, sin privacidad y sin propiedad!

1º *En el año 2030, la gente no será dueña de nada. La propiedad privada y la privacidad <u>serán abolidas</u> durante la próxima década.*

(Esta "expropiación" irá incluso más allá de la clásica demanda comunista de abolir la propiedad de los bienes de producción. El NOM deja muy claro que los bienes de consumo <u>también dejarán de ser propiedad privada</u>)

2º *Los Estados Unidos ya no será la superpotencia líder.*

3º Los órganos no serán trasplantados, sino impresos en 3D.

4º El consumo de carne será minimizado.

5º Se producirán mil millones de desplazamientos hacia los países occidentales.

(Después ya veremos qué nos está diciendo el Nuevo Orden Mundial con eso)

6º Para limitar la emisión de dióxido de carbono, se fijará un precio global para los combustibles fósiles a un nivel exorbitante.

7º La humanidad podrá viajar a Marte, ya que los "científicos" están trabajando para convertirnos en una raza de superhombres, capaces de colonizar otros planetas.

(Lo que El NOM nos está realmente diciendo es que <u>confiemos ciegamente</u> en los "científicos", ya que ellos saben muchísimo mejor que nosotros, lo que es mejor para nosotros…)

8º ¡Los valores occidentales serán puestos a prueba, hasta el punto de ruptura![1]

<u>(Aquí el Nuevo Orden Mundial pregona —sin el más mínimo recato— cuál es su auténtico y único objetivo.)</u>

Este es el orwelliano "programa" del NOM,

---

[1] Los signos de exclamación son míos.

(…<u>y de sus "organizaciones filiales"</u>, como el Fondo Monetario Internacional, el Foro Económico Mundial, los bancos centrales, el Club Bilderberg, el Foro de Davos, el Bohemian Grove, etc., así como una serie de políticos ambiciosos —y sin ningún tipo de escrúpulos— , hábilmente aupados al frente de las principales naciones occidentales, más los grandes medios de comunicación, generosamente subvencionados, y un ejército de "intelectuales" nihilistas llenos de odio, pero bien paniaguados, que hoy ocupan desde las escuelas primarias hasta las más "prestigiosas" cátedras universitarias[2])

…que se nos está intentando implantar desde hace mucho tiempo.

Sin embargo, su puesta en práctica no era, hasta ahora, tan rápida como el NOM esperaba. Por tanto, para poderlo implantar cuanto antes, ha estado buscando, desde hace mucho, mucho tiempo, un "acontecimiento" que acelere —y de la puntilla final— al proceso de degradación económica y moral de Occidente (su único objetivo).

---

[2] El lector puede preguntarse de dónde sale todo este inmenso dineral, que supone corromper y subvencionar a toda esta ingente tropa. Muy sencillo: los bancos centrales —que están a sus "ordenes"— no tienen más que dar a la máquina de hacer billetes, o de darle a las teclas de "intro", para fabricar tanto dinero falso como haga falta para comprar a quien sea y, de paso, arruinar al resto. Es decir: ¡Nosotros pagamos la fiesta!…

¡Y he aquí que "casualmente" aparece el fenómeno Covid-19! que, tras una impresionante y efectiva maquinaria propagandística de "miedo", por parte de la OMS (otra de las "filiales" más fieles del NOM) ha logrado, con suma facilidad, que toda la población se deje pacíficamente encerrar en sus casas, se deje arrebatar sus libertades básicas y se resigne a perder su medio de subsistencia.

Es decir, lo que se ha buscado tras la pandemia es dejar definitivamente tanto a las personas como a los Estados <u>sin recursos y sin la más mínima posibilidad de rehacerse</u>, de modo que su única posibilidad de existencia **dependa, únicamente, de <u>aceptar los dictados del NOM</u>**. Así, recibiremos una "propuesta", como las que hacía Don Vito Corleone, que *"no podremos rechazar"*: se nos propondrá cancelar todas nuestras deudas a cambio de renunciar a cualquier sueño de propiedad privada y, <u>por tanto</u>, de <u>independencia</u>.

Se abrirá un crédito, tanto para los países como para cada uno de sus ciudadanos, mediante el cual podrán atender a sus necesidades básicas, <u>siempre que se sometan al dictado del Nuevo Orden Mundial</u>. Los que se "atrevan" a levantar la voz, verán inmediatamente cancelado su "crédito", perdiendo así su <u>único</u> medio de subsistencia. Es decir, el nuevo Estado Total se presentará como el **protector** y **remunerador** —con una Renta Básica

Universal (RBU)— de aquellos que **previamente ha arruinado**.

La RBU: un sueño hecho realidad para cualquier déspota

Como todos hemos oído hablar, la Renta Básica Universal es un sistema donde todos los ciudadanos, o residentes de un país, reciben cada mes una suma de dinero, sin que por ello se vean obligados a ofrecer, a cambio, ningún tipo de contraprestación.

Eso parece muy "progresista" y muy "generoso", sin embargo, para hacernos una idea de lo que eso **realmente** supone, veamos lo qué es el "Crédito Social", implantado en China desde el 2018, sistema muchísimo más "suave" que el que propone el NOM

El gobierno comunista chino puntúa el "comportamiento" y la "confiabilidad" de cada uno de sus ciudadanos, asignando a cada uno de ellos una calificación de entre mil, que el Estado siempre puede mejorar, disminuir, o simplemente anular.

Por ejemplo, si uno pone su música a un volumen demasiado alto, compra demasiados videojuegos, se retrasa en el pago de una factura de agua, electricidad o gas, si tiene algún impuesto pendiente, si es sorprendido cruzando la calle por un lugar indebido o fuma en lugares públicos, pierde puntos y, con ello, ciertos derechos, como poder comprar billetes de tren o de avión, ver restringida su conexión a Internet, no poder solicitar ciertos empleos, ver que sus hijos no pueden ir a la escuela que ellos deseen o quedarse sin mascota, además de ser nombrados públicamente, y avergonzados, como "malos ciudadanos".

Por el contrario, los "chivatos" ganan puntos si denuncian a sus familiares o a sus conciudadanos, por cualquiera de estos "delitos", o alaban públicamente al "partido comunista" y a sus líderes…

Pero esto no es nada en comparación de lo que, en Occidente, será la Renta Básica Universal; será más dura y más perversa, porque en ella estará la única posibilidad de subsistencia para una población previamente expoliada, arruinada y finalmente privada de cualquier posibilidad de ganarse la vida (cosa que no es el caso de China).

La RBU será, pues, un arma infalible que se esgrimirá contra todo aquel que no sea obediente y sumiso a los dictados del NOM, que tenga opinión "propia", o que simplemente sea acusado de machista, de racista, de sexista, de homófobo, de misógino, de insolidario, de individualista antisocial, de reaccionario, de facha, de tener "principios" o creencias religiosas o, simplemente, de pretender "ir por libre" y salirse del redil.

De manera que, poco a poco, la RBU institucionalizará al Nuevo Orden Mundial como nuestro más amado y bondadoso "amo", y, a nosotros, como sus más fieles defensores.

Esto es la Renta Básica Universal: **Esclavitud**.

Ahora bien, todo este perverso plan para embrutecer y destruir al hombre occidental sería imposible de llevar a cabo —ni en China ni en Occidente— sin la ayuda de las llamadas "nuevas tecnologías" …

2

LA TECNOLOGÍA Y SUS "CIENTÍFICOS"

*"El progreso tecnológico se permite sólo
cuando sus productos pueden aplicarse,
de algún modo,
para disminuir la libertad humana."*
George Orwell

*Para conmemorar la más gloriosa de las noches,
el Gobierno de Su Majestad se complace en devolverles
a ustedes, sus leales súbditos, el derecho a la privacidad.
Durante tres días, sus movimientos no serán vigilados
sus conversaciones no serán escuchadas... y
el "haz lo que quieras" será la única ley.
Buenas noches y que Dios les bendiga.*

Alan Moore y David Lloyd *"V de Vendetta"*[3]

---

[3] En el cómic, *V de Vendetta,* dibujado por David Lloyd y escrito por Alan More, sitúa la acción en 1997. Inglaterra ha conseguido escapar de la destrucción nuclear global, pero su gobierno ha sido ocupado por un partido que ha aportado paz y estabilidad, a cambio de la libertad personal, la privacidad, así como la aniquilación silenciosa de los que considera "indeseables". El líder del partido, Sandler, y sus secuaces, mantienen al país totalmente controlado gracias a la combinación de una potente y omnisciente computadora, una

El ojo del Gran Hermano

Los más perversos dictadores del siglo XX, como Lenin, Josef Stalin, Adolf Hitler, Mao Zedong, Pol Pot, en Camboya, o Kim Sung, en Corea del Norte, entre otros muchos, soñaban con mantener a sus ciudadanos bajo estricta vigilancia, 24 horas al día, siete días a la semana. Sin embargo, eso les era imposible porque carecían de la "tecnología" necesaria para ello. Pero hoy es posible gracias a la "inteligencia artificial", a nuestro "rastro digital" (búsquedas y compras a través de Internet o en un comercio cualquiera), a las "estadísticas de redes", al "reconocimiento facial", a nuestros móviles "inteligentes" y a la "geolocalización", entre otras muchas otras "tecnologías" de seguimiento y control.

Por ejemplo: arribar o partir de cualquier aeropuerto (pronto de cualquier estación marítima o de cualquier estación ferroviaria), una simple conversación a través de nuestro móvil, teclear por Internet, incluso asistir a una manifestación de cualquier signo, hoy significa ser "identificado" de forma inmediata, "clasificado" y "fichado" …

---

eficiente policía secreta, la manipulación de los medios de comunicación… y el consentimiento implícito del pueblo.

(Las "autoridades" chinas no tienen el más mínimo problema en reconocer que hoy ya pueden localizar a cualquier persona, de entre sus mil cuatrocientos millones de habitantes, en siete minutos. Se espera que Occidente alcance la misma "eficacia" antes del año 2030)

El oído del Gran Hermano

Además de las "cámaras de vigilancia", los actuales programas de reconocimiento y seguimiento de voz —capaces de seguirnos, sin importar el dispositivo que en aquel momento estemos usando— permiten un análisis pormenorizado de todas nuestras conversaciones. Es decir, <u>reconoce nuestra voz y el tema que estemos tratando</u>, (repito, independientemente del móvil u ordenador que estemos utilizando, sea nuestro o no), <u>incluso si usamos subterfugios para despistar</u>.

Por ejemplo: si quieren tener "localizados" a todos los activistas antinucleares (o pronucleares) de un país, basta con que seleccionen, como palabras clave, "*central*" y "*nuclear*" para localizar todas las conversaciones que se producen en todo el mundo sobre este tema; éstas posteriormente son analizadas para saber quién habla con quién, y cuál es su postura al respecto.

Por último, no debemos olvidar que todos los móviles "inteligentes" *(smartphones)*, <u>incluso estando "apagados"</u>, sirven para la localización de sus usuarios, con un error de unos pocos metros *(geolocalización)*. Y, si además tenemos una tele "inteligente" conectada a Internet, se nos puede espiar —sin la más mínima dificultad— ¡en nuestra propia casa!

¿Qué pensaría hoy Orwell, de la sofisticación que han alcanzado las tecnologías de "vigilancia", que hoy nos acompañan, o más bien nos siguen, allí donde vayamos?...

"Si no hago nada malo, no tengo nada que ocultar"

Hay muchas, muchísimas personas de buena fe que dicen: "*si no hago nada malo, no tengo nada que ocultar*". Sin embargo, deberían preguntarse: "*si no hago nada malo, ¿por qué se está violando mi intimidad? ¿Por qué se me controla?*".

Con la excusa de la "seguridad", hoy se utilizan nuestros datos privados para chantajear a periodistas incómodos, para perseguir y desprestigiar a científicos independientes, para discriminar a los "disidentes", para, en definitiva, acabar con la dichosa libertad de expresión. Es decir, para tenernos bien "cogidos" …

El NOM, con la excusa de *"por nuestra seguridad y nuestro bien"*, **quiere que aceptemos** que <u>no tenemos ningún derecho</u> cuando usamos nuestro móvil, cuando entramos en Internet, cuando abrimos nuestro correo electrónico, cuando viajamos, cuando circulamos por la calle, incluso cuando estamos en nuestro hogar; según él, todo lo que hacemos, decimos o pensamos, ¡le pertenece!

El abuso de la tecnología

Inicialmente, cuando en 1983 nació Internet de forma masiva, éste constituía un espacio de libertad y pluralismo que nos liberaba de las clásicas barreras que condicionaban nuestra libertad de pensamiento. La red ponía a nuestro alcance una infinidad de información, de ideas y opiniones que antes sólo estaban a disposición de muy poca gente.

Más tarde, a partir de 1997, con la llegada de las redes sociales, compartir y difundir estas ideas se hizo aún más fácil.

Se abrió, pues, un mundo en donde los tradicionales medios de comunicación, que hasta el momento se habían encargado de "controlar" y "orientar" el "debate público", han ido perdiendo paulatinamente influencia.

Por tanto, el NOM, consciente de que las redes sociales han conseguido desbancar a la "caja tonta", a la radio y a la prensa subvencionada en su monopolio para crear "opinión pública", ha "convencido" —¡ojo!, con "argumentos" mafiosos— a los principales "buscadores" de Internet y a las "redes sociales" para que pongan coto a la libertad de expresión, silenciando todo pensamiento disidente, independiente o alternativo, a cambio de "**protección**" ante cualquier injerencia en sus negocios, por parte de la ley o del gobierno "democrático" de turno. Y la censura se ha impuesto con la excusa de *"discurso de odio"* o *"fake news"*.

Según el NOM, los avances tecnológicos no están destinados a mejorar las condiciones de la humanidad, sino para someterla a la tiranía de un Estado Único y Totalitario, donde la privacidad sea tachada de antisocial, la disidencia impensable y la sumisión obligatoria... Y —al igual que la Renta Básica Universal— todo esto nos es vendido como "progresista". ¿Progresista?...

¿Progresista es el dramático aumento de suicidios, que, cada día, aumentan más y más? ¿Esto es "progreso"? No. La auténtica plaga de hoy no es el coronavirus, sino la soledad, la tristeza, el sinsentido y la depresión. Cada vez tenemos más herramientas para comunicarnos, pero menos que decirnos; la soledad, no sólo no se ha remediado con la fibra óptica ni con "todas las gigas del mundo", sino que se ha agravado; hacemos miles de fotos, que nadie ve; tenemos miles de "amigos" que nunca nos vienen a ver y a los que nunca vamos a ver… ¿Realmente eso es progreso?

¡Pero esto no es nada comparado con lo que se nos avecina!…

La vida eterna. De homo sapiens a homo deus

En este contexto tan desolador, llega el NOM y nos promete, <u>para camelarnos</u>, ¡la vida eterna!, bajo el nombre de "el nuevo **transhumanismo**".

Sin embargo, detrás de esta "atractiva" —pero diabólica promesa— se esconde la intención de cambiar totalmente lo que hasta ahora entendíamos por "libertad", "responsabilidad" y "dignidad humana". Su verdadera intención es convertir a los hombres y mujeres en "cybogs" (abreviatura de *organismos cibernéticos*) totalmente robotizados y deshumanizados, que engrosen el marcador de los tantos conseguidos por el Maligno.

Efectivamente, el NOM nos anuncia con sarcasmo que *"Los órganos no serán trasplantados, sino impresos en 3D",* y que *"La humanidad po-*

drá viajar a Marte, *ya que los "científicos"[4] están trabajando para convertirnos en una raza de superhombres, capaces de colonizar otros planetas."*

¡Una raza de superhombres, gracias a la "ciencia" y a la "tecnología"!

Según los "tontos útiles" del NOM (los tontos útiles del Mal), la función de la medicina ya no será curar, sino manipular artificialmente al ser humano para convertirlo en una "máquina perfecta".

Estos "aprendices de brujo" van desde la "corrección celular", mediante la "ingeniería genética" (como vemos en las famosas vacunas para el Covid), a través de la nanotecnología, las neurociencias combinadas con la inteligencia artificial, la implantación de órganos producidos biotecnológicamente en 3D, para terminar con la eugenesia y la eutanasia (que es lo que realmente pretende el Mal)

Esta es la eterna "promesa" del Maligno: *"Seréis como dioses, a cambio de entregarme vuestra alma"* ... Eso es el llamado **transhumanismo**.

Uno de los grandes gurús de esta "ciencia" para "aprendices de brujo" —repito—, dice en su libro *"De animales a dioses"*:

---

[4] Las "comillas" y el subrayado son míos.

"Hoy no existe ninguna barrera técnica insuperable que nos impida producir "superhumanos""[5]. Los únicos obstáculos son las objeciones éticas que ralentizan el avance de la investigación en humanos.

Pero, por muy convincentes que puedan ser sus argumentos éticos, es difícil ver cómo pueden detener, durante mucho tiempo, el siguiente paso; en especial si lo que está en juego es la posibilidad de <u>prolongar indefinidamente la vida humana, vencer la enfermedad incurable, y mejorar nuestras capacidades cognitivas y mentales</u> (...) Puesto que pronto también podremos "manipular" nuestros deseos, quizás la pregunta real no sea '¿En qué deseamos convertirnos?', sino '¿Qué queremos desear?' Yuval Noah Harari. *"De animales a dioses"*

Esta **tomadura de pelo** de vender el alma al diablo, a cambio de la "promesa" de una vida llena de poderes sobrehumanos y placeres sin fin, la vemos en el *Fausto* de Goethe (escrita en 1806), y en la novela de Mary Shelley *Frankenstein* (escrita en 1816)

---

[5] Las "comillas" y el <u>subrayado</u> son míos

En la primera obra, vemos como acaba Fausto: no sólo se condena, sino que acaba no sabiendo nada, infeliz y <u>sintiéndose estafado</u>...

En la segunda, un científico, en su iluso afán de crear un ser perfecto, termina creando un engendro.

Pues, en el siglo XXI, la "promesa" del Mal es integrar el engendro con la cibernética para crear un robot "bello" y "perfecto" —<u>pero "sumiso" y "aborregado"</u>— **a cambio de su alma**. ¿No ha sido esta su gran obsesión desde que declaró la guerra al Bien?

Por tanto, no nos engañemos: la ingenua élite económica y los ingenuos aprendices de brujo, <u>engañados por el príncipe de la mentira</u>, están "convencidos" de que (también a cambio de su alma) podrán disponer de un ejército de cyborgs a su servicio, mientras que la incordiante e indisciplinada masa será paulatinamente reducida —tras haberla arruinado y esterilizado, tras la eugenesia, tras la eutanasia, tras el control de la natalidad, tras el aborto indiscriminado, tras la ideología de género, tras el sexo a la carta y tras la ingeniería genética (esterilización masiva), hasta su práctica desaparición… Y, lo que quede de ésta, idiotizada y domesticada… Mientras que ellos podrán mantenerse exteriormente siempre jóvenes, bellos y sanos (como Doryan Gray), tomarse tantos filetes y mariscos como quieran, tener una legión de criados y criadas mudos y dóciles, <u>ansiosos de entrar a su servicio</u> (que sólo se alimentarán de carne, huevos y leche sintéticos[6]), volar en sus jets privados (la masa, si tiene que desplazarse, lo hará en tren) y aterrizar en aeropuertos "sólo para ellos" para disfrutar en exclusiva de los más bellos paisajes del mundo, junto a una preciosa (o a un precioso) y eternamente joven cyborg, libres de contaminación y de gente fea... Eso es lo que les "promete" el diablo...

¡Ilusos! Ellos están <u>los primeros</u> en la lista de:

"<u>¡A DESTRUIR!</u>"

Pero el Mal, tras habernos arruinado y privado de cualquier posibilidad de recuperarnos (por tanto, "en sus manos") y tras su proyecto para convertirnos en dóciles e idiotizados zombis, aún le queda el último escollo: aún existe el riesgo de una fuerte respuesta por parte de aquellos que en Occidente aún se sienten identificados con su historia, con

---

[6] Recordemos que el punto 4º de la declaración del Foro Económico Mundial, dice textualmente: *"El consumo de carne será minimizado"*.

su tradición, con su cultura, con su moral, con su sentido de la libertad, con su independencia y, sobre todo, con sus valores cristianos.

De manera que, para completar su luciferina agenda, el Mal necesita del concurso de su tercera arma, compuesta por sus hijas predilectas: la Envidia y el Rencor.

3

LA ESTOCADA DEFINITIVA

> *Existen verdades eternas,*
> *como la libertad, la justicia, etc.,*
> *comunes a todas las sociedades*
> *y a todas las etapas de progreso de la sociedad y*
> *a todas las etapas de progreso de la humanidad.*
>
> *Pues bien, el comunismo viene*
> *a destruir estas verdades eternas,*
> *la moral, la religión,*
> *y no a sustituirlas por otras nuevas;*
> *viene a interrumpir violentamente*
> *todo desarrollo histórico anterior."*
>
> **Marx** y **Engels** en *"El manifiesto comunista"* de 1848

"Los valores occidentales serán puestos a prueba hasta el punto de ruptura"

El Mal sabe que, para destruir <u>definitivamente</u> a Occidente, no es suficiente arruinarlo económicamente, ni prometerle el oro y el moro a cambio de su alma, sino acabando con aquellas "ideas" básicas que conforman su manera de ver y estar en el mundo. Es decir, destruyendo sus creencias, su moral, sus costumbres, su cultura y sus valores historia. Y para comprender bien <u>de quién o de quiénes se sirve el Mal</u> en este caso, para dar la estocada definitiva a Occidente, hagamos un poco de historia...

La "crisis" del marxismo

A finales del siglo XIX, nadie podía sostener que se estaba produciendo la tan esperada "polarización social" y la "pauperización de la clase trabajadora" (las dos condiciones *sine qua non*), para que se diera la inminente "revolución", tal y como Marx y Engels habían pronosticado en 1848. Todo lo contrario: el nivel de vida y el poder adquisitivo de la clase obrera habían aumentado tan espectacularmente, que la "revolución" parecía alejarse más cada día.

Ante aquella indiscutible realidad, comenzó la famosa *"crisis del marxismo"*. La gran mayoría de ellos se resignó a la perennidad del régimen capitalista y democrático, por lo que pensaron que lo más sensato y realista era integrarse[7] en una sociedad compuesta mayoritariamente por una clase media, cada día más bien estante, que em-

---

[7] De ahí vienen los actuales partidos "social-demócratas".

pezaba a tener "mucho que defender" y, por tanto, con pocas o ningunas ganas de "revolucionarse" … Sin embargo, quedó una minoría que, aun reconociendo el fracaso de la previsión marxista, se negó a cualquier compromiso con un sistema democrático y de libertad.

Esta <u>minoría</u> que persistía, pues, en sus veleidades "revolucionarias", reivindicó para sí el título de *"revisionistas revolucionarios"*, ya que —como decimos— de ninguna manera querían integrarse en el sistema, sino: ¡destruirlo!, *"retornando al marxismo puro, para que éste volviera a ser lo que nunca debía haber dejado de ser: una máquina de guerra contra la democracia burguesa"*.

Así, pues, en Europa occidental, la mayoría de aquellos *"revisionistas revolucionarios"* se alejaron del marxismo clásico y fundaron, a finales de los años veinte, unos nuevos movimientos antidemocráticos llamados **fascismo** en Italia y **nazismo** en Alemania, (que pronto comenzaron a tener sus seguidores en el resto de Europa), y ambos se autoproclamaron "nacional-socialistas".

¿Y, cuál era su nuevo proyecto "revolucionario"? *"Llevar la lucha de clases a un nivel superior, a una guerra entre colectividades naciona-*

les." El principio marxista seguía siendo el mismo: *"la violencia es el motor de la historia"* ...

Como vemos, al **odio** se le sumó el **desprecio** por la tribu diferente…

Pero aún quedó una pequeña minoría de aquellos irreductibles que seguían soñando con la "revolución", tal y como habían soñado Marx y Engels. Unos —cansados de esperar— tomaron, en 1917, el poder a la brava (no a través de las urnas) en Rusia, mientras que, otros (sobre todo "intelectuales" alemanes) se pusieron a "lamerse sus heridas", mientras se preguntaban por qué las "científicas" previsiones marxistas habían fallado tan estrepitosamente…

Entonces apareció Antonio Gramsci.

El inesperado triunfo del marxismo.

Gramsci nació, en 1891, en la isla de Cerdeña. Jorobado, ya sea por una malformación de su columna vertebral desde nacimiento o por un accidente durante su infancia (hay quien asegura que se cayó de los brazos de una sirviente por una escalera empinada), su familia lo daba por muerto. Tanto es así que, hasta los catorce años, un ataúd para él se mantuvo listo en su dormitorio. Su padre, un funcionario de bajo rango, fue encarcelado por corrupción, por lo que su madre, en medio de grandes penurias, tuvo que sacar, ella sola, la familia adelante.

Pasados los años, antes de dejar Cerdeña para ir a Turín, Antonio se había convertido en un empedernido nacionalista sardo; sin embargo, al llegar a la capital del Piamonte, y encontrarse con las fábricas de automóviles Fiat y Lancia, se entusiasmó con la "lucha de clases".

Obsesionado, a partir de entonces, únicamente con la "revolución", abandonó su radical nacionalismo y fundó un periódico: *"L'Ordine nuevo"* (*"El nuevo orden"*), cuyo primer número apareció el 1 de mayo de 1919. Dos años más tarde, en 1921, fundó y lideró el Partido Comunista de Italia y, finalmente, en 1924, fue elegido miembro del Parlamento.

En 1926, Gramsci, con la inmunidad parlamentaria suspendida por Mussolini, fue enviado a prisión.

Años más tarde, el Vaticano propuso un intercambio de prisioneros: enviar a Gramsci a Moscú, a cambio de un grupo de sacerdotes encarcelados en la Unión Soviética. Pero Mussolini puso fin a aquellas negociaciones a principios de 1933. Por tanto, Gramsci continuó en prisión.

Fue durante aquel tiempo cuando escribió sus famosos "*Cuadernos de prisión*". Estos comprendían más de 2.800 páginas escritas a mano.

Para eludir la censura, Gramsci usó términos "light" en lugar de la terminología marxista tradicional, de manera que sus diarios sobrevivieron.

Finalmente, tras sufrir varias enfermedades cardíacas, respiratorias y digestivas, fue enviado al hospital de la prisión. El 25 de abril de 1937—el mismo día que recibió la noticia de que iba a ser liberado—sufrió una hemorragia cerebral, muriendo dos días después.

En sus *"Cuadernos"* Gramsci reflexionó, al igual que sus colegas alemanes, por qué la revolución marxista-comunista estaba fracasando en Europa Occidental. Llegó a la conclusión de que…

"El cristianismo es el gran enemigo del comunismo; es lo que obstaculiza su avance. La única manera de lograr la "revolución" es romper la fe de las masas de votantes occidentales en el cristianismo, y en el sistema moral derivado del mismo."

Gramsci vio claro, que…

"La religión y la cultura están en la base de cualquier sistema social: son sus cimientos. Por

tanto, es la cultura, y no la condición económica de la clase obrera, como creía Marx, la clave para traer el comunismo a Occidente. Por tanto, si se le quiere destruir, antes que nada, hay que cambiar todos sus valores, su moral y sus costumbres. Es decir, sus principios religiosos impregnados de espíritu cristiano. 'Controla sus creencias y controlarás a la gente.'

Por tanto, la "revolución" hay que hacerla en tres fases: primera, y la más importante, socavar a la clase dominante a través de la cultura. Para ello hay que esconder la ideología marxista y <u>tomar el sistema educativo, desde la infancia a la universidad, los medios de comunicación y la "cultura", con el objetivo de destruir sus viejos valores, su moralidad y su forma de vida acostumbrada.</u> Repito: <u>la conquista del poder cultural ha de ser previa a la conquista del poder político</u>[8], y esto se logra mediante la acción concertada de intelectuales <u>subvencionados e infiltrados</u> en todos los medios de comunicación, de expresión y universitarios.

Segundo, y a continuación, tomar el poder del Estado, utilizando las reglas de la "democracia": el proceso democrático, la demagogia, la mentira, la ocultación, la votación, el cabildeo y la

---

[8] Una vez más, las comillas y los subrayados son míos.

apariencia. Es decir, la plena participación parlamentaria. Hay que aparentar comportarse como los demócratas occidentales: aceptar todos los partidos políticos, forjar alianzas con quien sea cuando nos convenga.

Debemos mostrarnos como los protectores de las mujeres, de los pobres, de los marginados, de los emigrantes y de los que encuentran opresivas ciertas leyes civiles.

Hoy, Gramsci diría que hay que erigirse como los líderes del feminismo radical, de los colectivos LGBT (lesbianas, gais, bisexuales y transexuales), de los ecologistas extremos, de los movimientos de "derechos civiles", de los abortistas, de los antisistema, de los globalistas, de los "progres", de los inmigrantes, de los "sin papeles", de los "sin techo", de los 'materialistas', de los ateos, etc.

Hay que hablar continuamente de la "dignidad" y los "derechos" del hombre, pero <u>sin hacer referencia a la trascendencia cristiana que los sustenta</u>; es más, hay que hablar de la trascendencia cristiana como un obstáculo en el camino de estos.

Hay que convencer al pueblo de que la libertad se alcanzará cuando los seres humanos finalmente abandonen su terquedad sobre las antiguas ideas acerca de la familia, la moral y la nación, y se conviertan en librepensadores puramente racionales, abandonando la religión y la fe, a favor de un nuevo credo híper-individualista. Necesitamos que la gente abandone todos sus valores burgueses pasados de moda, salvo el materialismo.

Tercero, una vez en el poder, transformando completamente la base económica, arruinando así a la burguesía (hoy diría a la "clase media") *Entonces tendremos a una humanidad sumisa, y preparada para el comunismo."*

Asimismo, Gramsci concibió, —a pesar de ser un comunista empedernido— la idea de *"amaestrar a la gente con el 'socialismo', antes de hacer la 'revolución'. Es decir, <u>hacer que todos piensen que viven en una sociedad democrática</u>. Así, cuando llegue el momento* —continúa Gramsci— *las posibles resistencias ya estarán neutralizadas de antemano, y <u>todos aceptarán el nuevo sistema con la mayor naturalidad</u>."*

Gramsci resumía su tesis así:

"Hay que conquistar 'el mundo de las ideas', para que nuestras ideas lleguen a ser 'las ideas del mundo'. Y eso sólo será posible cuando a la cultura occidental <u>se la haya privado de su alma</u>."

Como vemos, las "ideas" de Gramsci —y de la Escuela de Frankfurt, que veremos a continuación— conforman la base "ideológica" del Nuevo Orden Mundial. De ahí su idea de que hay que destruirlo todo y a todo aquel que defienda o promueva la familia tradicional, el rol natural del hombre y de la mujer, la cultura europea, su historia, sus costumbres, sus creencias, su moral y, particularmente, como he dicho antes, sus valores cristianos.

La Escuela de Frankfurt

También a principios de los años veinte del siglo pasado, encontramos a George Lukács en la convulsa Hungría de entreguerras. Feroz comunista, a pesar de ser hijo de uno de los banqueros más importantes y ricos del imperio Austro-Húngaro, comenzó su carrera política como espía al servicio de la Internacional Comunista. Y, al igual que Gramsci y los marxistas alemanes, se preguntaba por qué la Revolución Bolchevique de 1917 no se estaba extendiendo por Europa occidental, sino todo lo contrario. Y, tras mucha y amarga reflexión, llegó a la misma conclusión que su colega sardo:

"El verdadero y acaso único obstáculo para la aplicación real y efectiva de los principios comunistas en Europa, es la cultura occidental."

"Conciencia de Historia y Clase" **Georg Lukács** 1923

Y la ocasión para derribar, *"de una manera real y efectiva",* aquel "obstáculo", le vino cuando el gobierno bolchevique de Bela Kuhn tomó el poder en 1919 (no por las urnas, sino tras un golpe de Estado) en Hungría. Lukács fue nombrado "comisario cultural", e inmediatamente implantó un radical programa de reeducación sexual, destinado a corromper a todos los infantes húngaros, como primer paso para minar la institución familiar, la cultura y los valores de aquella sociedad, para él, *"despreciablemente cristiana."*

Sin embargo, el cruel gobierno de Bela Kuhn sólo duró cinco meses, por lo que Lukács tuvo que huir de Hungría e instalarse en Viena, para seguir maquinando desde allí...

Gramsci y Lukács fueron los dos grandes inspiradores de aquellos "pensadores" marxistas alemanes... ¡Por fin habían encontrado el camino, para el triunfo de la revolución!

La tercera vía

De manera que, en1923, fundaron el *"Institut für Sozialforschung"* (Instituto para la Investigación Social), que al poco empezó a ser conocido como la "Escuela de Frankfurt". Su objetivo era desarrollar un tipo de marxismo "diferente" del *revisionismo marxista* (del fascismo y del nazismo) y del *comunismo revolucionario "a lo bruto"* (aludiendo al modelo soviético)

Básicamente, la Escuela de Frankfurt creía que *"mientras los individuos tengan la convicción o, al menos, la esperanza de que el don divino de su razón puede resolver todos los problemas a los que estos se enfrentan, <u>nunca alcanzarán aquel estado de desesperanza ni de alienación</u>, los cuales son imprescindibles para que se dé la revolución socialista*[9]. *Por tanto, hay que demoler lo antes posible su legado cristiano. Así que, para terminar con todo eso, hay que seguir rigurosamente los siguientes puntos*:

1. Control y estupidización de los medios de comunicación.

2. Infiltrarse y corromper a las cúpulas de la Justicia occidental.

3. Fomentar la desintegración de la familia.

4. Implantar la educación sexual y la incitación a la homosexualidad en los niños y las niñas.

5. La destrucción de la autoridad de los colegios y profesores.

6. Atacar la autoridad del padre y la madre, negando los específicos roles paternos y mater-

---

[9] Una vez más, el subrayado es mío.

nos, y arrebatar a las familias sus derechos como principales educadoras de sus hijos.

7.   Eliminar las diferencias en la educación de los niños y niñas.

8.   Suprimir todas las formas de dominación masculina.

9.   Declarar que las mujeres son "la clase oprimida", mientras que los hombres son "la opresora".

10.   Dependencia del Estado y de los beneficios del Estado.

11.   Vaciamiento de las iglesias.

12.   Inventarse los "delitos raciales".

13.   Promover inmigraciones masivas de otras culturas para destruir la identidad de Occidente."

Como vemos, hoy no sólo seguimos al pie de la letra los programas de Gramsci y Lukács, sino también las demoledoras consignas de la Escuela de Frankfurt.

¡Compárese este diabólico "programa", con el del Foro de Davos!...

¡Es exactamente el mismo!

En 1933, con la llegada de Hitler al poder, todos los miembros de la Escuela de Frankfurt huyeron por piernas de Alemania para arribar finalmente a USA, donde fueron acogidos como "grandes genios", primero por la "progre" Universidad de Columbia de Nueva York y, más tarde, por <u>todas las universidades</u> de la costa este y oeste del país[10].

Allí, astutamente adaptaron su lenguaje para hacerlo grato a los oídos de la progresía norteamericana ("cohesión", "justicia social", "inclusividad", "transversalidad", etc., etc.), aunque manteniendo <u>su único y gran objetivo</u>: la <u>**destrucción** de la odiosa cultura occidental-cristiana</u>. Y lo primero era acabar con toda crítica.

Lo "políticamente correcto"

Así que, en 1950, apareció el libro de Theodor Adorno (otro de los grandes popes de la Escuela de Frankfurt), *"La Personalidad Autoritaria"*, donde el autor decía, acerca de los que tan generosa e <u>ingenuamente</u> les habían acogido:

"La gente en Estados Unidos tiene tics fascistas, por lo que todo aquel que defienda la cultura

---

[10] A partir del "mayo del 68", la ideología de la Escuela de Frankfurt se extendió por todas las universidades europeas, hasta el punto en que hoy todas son radicalmente de izquierdas, izquierdas.

norteamericana —y por extensión toda la occidental—, está desequilibrado psicológicamente"

[En realidad, Adorno no hacía más que actualizar las directrices del Comité Central del Partido Bolchevique que, en 1943, instruía a sus cuadros con la siguiente consigna:

"Nuestros camaradas y miembros de organizaciones amigas deben continuamente avergonzar, desacreditar y degradar a nuestros críticos. Cuando los obstruccionistas se vuelvan demasiado irritantes hay que etiquetarlos de fascistas o nazis. Esta asociación de ideas, después de suficientes repeticiones, acabará siendo una realidad en la conciencia de la gente."]

A partir de aquel momento se abrió la veda a la caza de cualquier opositor al Gran Reinicio (que, como vemos, viene de lejos), hasta llegar al actual *"pensamiento único"*, *"versión oficial"* o *"políticamente correcto"*. Todo aquel que defienda la cultura occidental y sus valores es por definición un "opresor" y un "malévolo" fascista. En la mayoría de nuestras universidades occidentales —por no decir en todas— se prohíbe hablar o enseñar a todo aquel que no comparta este credo, y los "grandes medios comunicación" (ya sean digitales o impresos) se niegan a publicar cualquier opinión que lo cuestione, hasta el punto en que todo este odio a la cultura occidental y a su tradición, ha dado paso al fenómeno "woke".

El fenómeno "woke"

La palabra "woke", que deriva de la expresión "stay awake" (mantente despierto o ¡despierta!), hace referencia al *"despertar del milenario letargo y de las opresiones que azotan a nuestra sociedad occidental"* [11]: el machismo, la homofobia, la discriminación, la intolerancia, la supremacía, etc., etc., del hombre occidental, heterosexual y de raza blanca.

Eso se traduce en una culpabilización de los grandes personajes y de los momentos cumbre de nuestra civilización, en el derribo de las estatuas erigidas en memoria de los grandes personajes de nuestra historia, y en la estigmatización de los grandes titanes que han conformado nuestro pensamiento y nuestra dignidad como hombres y mujeres libres y responsables: Homero, Sófocles, Eurípides, Platón, Aristóteles, Epicuro, El Antiguo y Nuevo Testamento, Séneca, Epicteto, Virgilio, San Agustín, Cervantes, Dante, Shakespeare, Balzac, Goethe, Dostoyevski, etc., etc., etc. y,

---

[11] Incluso, en 2017, el Oxford English Dictionary reconoció la conciencia social de "woke" y añadió la definición: *"alerta ante la discriminación e injusticia racial o social"*.

sobre todo, tergiversando permanentemente la historia de Occidente.

Según estos <u>retrógrados</u> —que se las dan de "progres" y "modernos"— el hombre occidental debe ser rehabilitado; debe hacer penitencia. Ha de comprender que todos sus logros, en pro de la dignidad y el progreso del hombre y de la mujer, se han debido únicamente a la explotación y al trato injusto que han dado a los que no han sido, ni son, como ellos. Por tanto, la wokeidad obliga a abdicar a los hombres occidentales de todo aquello que han obtenido "injustamente"… y quien no esté de acuerdo con ello ¡se pone del lado del "discurso del odio"! (¡Qué caradura!) Por tanto, — siguiendo la terminología marxista— *"no hay que tener ningún miramiento con ellos"*.

Hija del marxismo más retrógrado, la ideología woke ha cambiado la lucha de clases por la lucha de identidades: los opresores y los oprimidos (los y las heterosexuales occidentales de raza blanca, como los "opresores", y los transaharianos, musulmanes, inmigrantes, "sin papeles", "sin techo", mujeres, lesbianas, gais, bisexuales, transexuales, etc., etc., como los "oprimidos")

Hoy, todos los enemigos de la "dichosa libertad", es decir, todos los "progres", todos los totalitarios, todos los esclavistas, <u>incluidos todos aquellos oligarcas que creen que la democracia es incapaz de asegurar el orden, la estabilidad y la</u>

disciplina que requieren los grandes negocios, han adoptado, al pie de la letra, este diabólico plan —concebido por el Mal y voceado por Gramsci, Lukács, y sus acólitos de la Escuela de Frankfurt— para privar al hombre occidental de sus raíces greco-cristianas y, por ende, de su alma; así, infaliblemente, los tendrán totalmente idiotizados y sometidos.

Realmente, el Mal ha instruido bien a sus pupilos predilectos: desde el momento en que decidimos cortar con nuestras raíces espirituales; al avergonzarnos de ellas, nos desvinculamos de nuestro extraordinario pasado (de la única civilización conocida a lo largo de la historia que se ha basado en la libertad, en la responsabilidad y en la dignidad del hombre), por lo que nuestro futuro, nuestra existencia sin rumbo, se convierte en un caos banal, en una sucesión de días sin sentido, en una nada a disposición del dictadorzuelo de turno. Esto es lo que se está a punto de lograr…

No es de extrañar, pues, que el Foro de Davos, sin saber bien, bien por qué, diga en su punto 2:

"Los Estados Unidos ya no será la superpotencia líder".

Y, por si acaso Europa intenta ilusamente "proteger" —aunque sea por motivos únicamente mercantilistas ("turismo cultural de lujo")— su patrimonio cultural, el Foro le tiene preparado el punto 5:

"Se producirán mil millones de desplazamientos hacia los países occidentales"

¿Europa espera proteger su "patrimonio" y su "sistema de vida" con mil millones de inmigrantes que no sólo rechazan integrarse, sino que sólo sueñan con mantener y propagar sus culturas, costumbres y valores, totalmente ajenos y contrarios a los nuestros?

—¡Pero así nos pagarán las pensiones!— replican cuando se quedan sin argumentos…

¿Las pagará una quinta columna —que está previsto que acabe siendo muy mayoritaria— compuesta por receptores de una Renta Mínima de Sobrevivencia o, en el mejor de los casos, por unos mileuristas? ¿Esos van a producir lo suficiente y, por tanto, generar un "sobrante" como para poder pagar nuestras pensiones?

Además de ser tontos, nos toman por tontos… Lo que de verdad se pretende es que *"¡Los valores occidentales sean puestos a prueba, **hasta el punto de ruptura**!"*

> Repito: el gran —y único— objetivo del Mal es la destrucción de la Civilización <u>Cristiana</u> de Occidente.

Recordaré su "programa", pero esta vez agrupándolo según quienes sean los encargados de llevarlo a cabo…

1º) Los grandes de las finanzas: los bancos centrales, los fondos de inversión, los políticos y altos funcionarios cínicos y amorales, junto a los capitostes de las grandes multinacionales. Es decir, los tontos útiles en este drama, que ilusamente creen que a ellos no les afectará:

- *En al año 2030, la gente no será dueña de nada. La propiedad privada y la privacidad <u>serán abolidas</u> durante la próxima década.*

- *Para limitar la emisión de dióxido de carbono, se fijará un precio global para los combustibles fósiles a un nivel exorbitante.*

- *El consumo de carne será minimizado.*

2º) Los otros tontos útiles: los aprendices de brujo:

- *Los órganos no serán trasplantados, sino impresos en 3D.*

- *La humanidad podrá viajar a Marte, ya que los "científicos" están trabajando para convertirnos en una raza de superhombres, capaces de colonizar otros planetas.*

3º) Los hijos predilectos del Mal, <u>los únicos conscientes de lo que está en juego</u>[12]: "*romper la fe de las masas occidentales en el cristianismo y en el sistema moral derivado del mismo*", corrompiendo el alma de los hombres y de las mujeres occidentales desde la infancia hasta la universidad, a través de la mentira y la manipulación, a través del llamado "transhumanismo", y a través de la "kultura bazofia"; junto a una silenciosa —pero masiva— invasión de otras culturas, hasta acabar con la odiosa civilización cristiana… Por eso el NOM nos anuncia sin el más mínimo recato que:

---

[12] Las almas de 1.700.000 de occidentales. ¡Menudo botín!

- *Los Estados Unidos ya no será la superpotencia líder.*

- *Se producirán mil millones de desplazamientos hacia los países occidentales.*

- *¡Los valores occidentales serán puestos a prueba, <u>hasta el punto de ruptura</u>!*

Esto es lo que nos espera,
si no reaccionamos…

El historiador escocés Alejandro Frases Tyler escribió en 1807:

"La edad promedio de las más grandes civilizaciones de la tierra ha sido de doscientos años, y todas han seguido la siguiente secuencia:

De la esclavitud a la fe espiritual; de la fe espiritual a la responsabilidad y a la libertad; de la responsabilidad y de la libertad a la abundancia; de la abundancia al egoísmo; del egoísmo a la complacencia; de la complacencia a la apatía; de la apatía a la dependencia y, de la dependencia, de nuevo a la esclavitud"

En efecto, la historia de la humanidad no es más que la crónica de esta eterna e inacabada lucha entre el Bien y el Mal, cuyo desenlace <u>lo</u>

decide el Hombre: unas veces, la mayoría de éstos se decantan por el Bien, y avanzan; otras, por el Mal, y retroceden. Esta es la clave del asunto…

Repito, si echamos una ojeada al panorama histórico, desde que el hombre es hombre, vemos que, al principio de cada ciclo histórico, la mayoría de hombres y mujeres optan por desprenderse de las garras del Maligno en busca de la 'Libertad' (con mayúscula):

"De la esclavitud a la fe espiritual; de la fe espiritual a responsabilidad y a la libertad; de la responsabilidad y de la libertad a la abundancia."

Sin embargo, también vemos que, cuando alcanzan la *"abundancia"*, la mayoría se corrompe: … *"de la abundancia al egoísmo; del egoísmo a la complacencia; de la complacencia a la apatía; de la apatía a la dependencia, y de la dependencia de nuevo a la esclavitud"*.

Como vemos, toda 'civilización' es una **construcción espiritual**. Por tanto, si no queremos ver cómo nuestra civilización fracasa, e ir hacia atrás (hacia la esclavitud), lo más importante es no avergonzarnos —como pretende el movimiento *woke*— de nuestras raíces culturales y espirituales, sino todo lo contrario: tenerlas bien presentes, ya que son las únicas armas capaces de vencer **al engaño** del Mal.

Así pues, veamos a continuación por qué y cómo se autodestruyó la civilización que nos legó dichas raíces, y que —de no cambiar— ¡estamos irremediablemente condenados al mismo fracaso!...

SEGUNDA PARTE

4

NUESTROS ORÍGENES CULTURALES

Grecia

*La Civilización es la victoria
de la persuasión sobre la fuerza.*

Platón (427 a. C.-347 a. C,) Filósofo griego.

Antes de recordar por qué la cultura greco-romana llegó a ser lo que fue, me permitiré presentar al estimado lector un texto de Platón, donde explica —tal vez, mejor que nadie— por qué se autodestruyen las civilizaciones.

Los atlantes

Platón cuenta, en sus diálogos *"Timeo"* y *"Critias",* que una legendaria isla, llamada Atlántida, un día desapareció bruscamente engullida por el mar.

Por supuesto, Platón no fue testigo presencial de aquel dramático acontecimiento. El filósofo no hizo más que repetir lo que le había relatado un anciano viajero ateniense que, a su vez, repetía lo que le habían contado unos sacerdotes egipcios.

Según Platón, la Atlántida había sido una gran y avanzada "civilización". Pero, un día sus habitantes, corrompidos por las riquezas, recibieron un terrible castigo:

"En un día y en una noche, la isla entera fue destruida por una catástrofe de magnitud incomparablemente mayor que todas las conocidas[13]..."

Y Platón, tras describir el esplendor de aquella civilización, concluye su relato de la siguiente manera:

... *"durante generaciones, los habitantes de la Atlántida obedecieron las leyes que habían recibido y respetaron aquel principio divino común a todos; sus pensamientos eran conformes a la Verdad y, por tanto, del todo punto generosos, mostrándose llenos de moderación y de sabiduría en todas las eventualidades y en sus mutuas relaciones.*

Por esta razón, mirando con desdén todo lo que no era virtud, tenían poco aprecio a los bienes presentes y consideraban como una carga el

---

[13] Ahora se sabe que la isla fue destrozada por un gran maremoto.

oro, las riquezas y las ventajas de la fortuna. Lejos de dejarse embriagar por los placeres, de dejar el gobierno de sí mismos en manos de la fortuna y de hacerse juguete de las pasiones y del error, sabían perfectamente que todos los bienes de este mundo acrecen cuando uno está de acuerdo con la 'decencia'; y que, por el contrario, cuando se los busca con demasiado celo y ardor, perecen, y la honradez con ellos.

Mientras los habitantes de la Atlántida razonaban de esta manera —continúa Platón— *y conservaban la naturaleza divina de la que todos eran partícipes, todo les salía a satisfacción. Pero cuando la esencia divina se fue aminorando por la mezcla con su naturaleza mortal; cuando su humanidad superó en mucho a su esencia divina, entonces,* <u>*impotentes para soportar la prosperidad, a la que su virtud les había llevado, degeneraron*</u>[14].

Sólo unos pocos se dieron cuenta de que se habían vuelto malos y que habían perdido <u>*el más precioso de todos los bienes*</u>*, mientras* <u>*que los que no fueron capaces de ver lo que constituye verdaderamente una vida dichosa*</u>*, creyeron que habían llegado a la cima del éxito y de la felicidad, cuando en realidad estaban dominados por una*

---

[14] Una vez más, los subrayados y comillas con míos.

loca pasión: la de aumentar <u>como sea</u> sus rique-
zas y poder.

Entonces fue cuando el Dios de los dioses, Jú-
piter, <u>que gobierna según las leyes de la Justicia,</u>
y cuya mirada distingue por todas partes el Bien
y el Mal, notando la depravación de aquel pue-
blo, antes tan altruista y generoso, y queriendo
*castigarle **<u>para atraerle de nuevo</u>** <u>a la virtud y a</u>*
<u>la sabiduría</u>, reunió a todos los dioses en su man-
sión más importante, la que está instalada en el
centro del Universo, donde se ve todo lo que ocu-
rre y, tras reunirlos, dijo...

Desgraciadamente, este extraordinario relato
se interrumpe bruscamente aquí. O Platón no quiso terminarlo o los "dioses" no quisieron que lle-
gase completo a las futuras generaciones. Pero,
para un lector avispado e inteligente, este incon-
cluso texto es más que suficiente para darse cuenta de **por qué** no sólo desapareció aquella extraordinaria civilización, sino TODAS las civilizaciones.

[A pesar de que lo más probable es que el relato
de Platón no sea más que un cuento con "moraleja",
hoy se tienen pruebas concluyentes de que una
enorme erupción volcánica, —cuyo epicentro estaba situado en lo que hoy es la isla de Santorini—,
seguida de un gran maremoto, tuvo lugar en el año
1.628 a. C.

La ola gigante que causó aquella explosión volcánica barrió la vecina isla de Creta situada a 110 km al sur, acabando con la civilización "minoica" o "cretense". Por tanto, la catástrofe no solo hizo 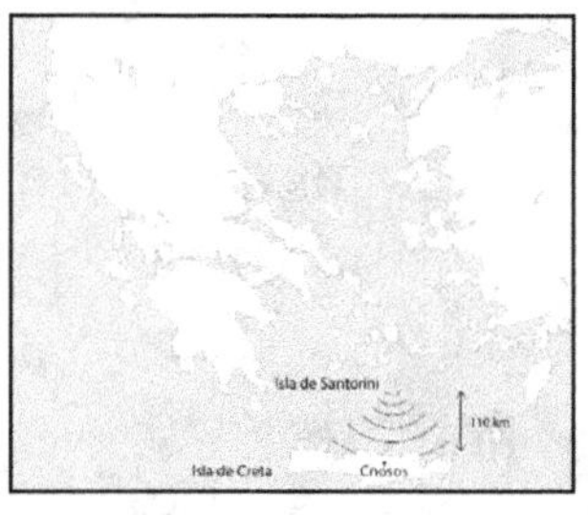 desaparecer la Atlántida, sino a los abuelos de la civilización occidental: los "cretenses".]

Nuestros "abuelos"

Justo después de la desaparición de la Atlántida y del hundimiento de la civilización minoica (cretense) hacia el 1.300 a. C., comenzaron a llegar, a lo que llamamos Grecia, diversas oleadas de pueblos de origen caucásico, posiblemente empujados por tribus seminómadas procedentes del Asia Central.

Aquellos emigrantes, que Homero llamó *aqueos* (*"canqoi"*, de cabellos rojizos), penetraron en la península de los Balcanes y, después de enfrentarse en un primer momento a los supervivientes de la civilización cretense-minoica, acabaron asimilando sus formas de vida, pero imponiendo su carácter guerrero, su lengua, y a 'Zeus' a la cabeza de una multitud de dioses locales (dioses y diosas cretenses)

Con el paso del tiempo, la "unión" entre los 'masculinos' guerreros de bronce y lo 'mítico', 'refinado' y 'femenino', produjo una nueva y vigorosa "raza" que, por muy ruda que fuera por parte de padre y por muy decadente que fuera por parte de madre, daría luz a una de las civilizaciones más fascinantes de la historia: la civilización griega.

Una época oscura. Los "dorios"

Pero, hacia el año 1.100 a. C. comenzó una nueva invasión procedente, esta vez, de las umbrías selvas del norte de Europa: los llamados *"dorios"*. Aquellos nuevos invasores, portadores por primera vez en Europa de armas de "hierro", no tuvieron gran dificultad en desplazar a los portadores de armas de "bronce" (los *aqueos*), y erigirse en la nueva clase dominante…

Acerca de aquella época oscura, que duró unos 600 años, apenas tenemos noticias. Pero la "semilla" de los *aqueos* ya estaba plantada; sólo había que esperar…

No hay mal que por bien no venga. Siglos VII y VI a. C.

Tal como acabamos de ver, los aqueos fueron expulsados de las mejores "tierras" por los dorios. Así que no tuvieron más remedio que espabilar y

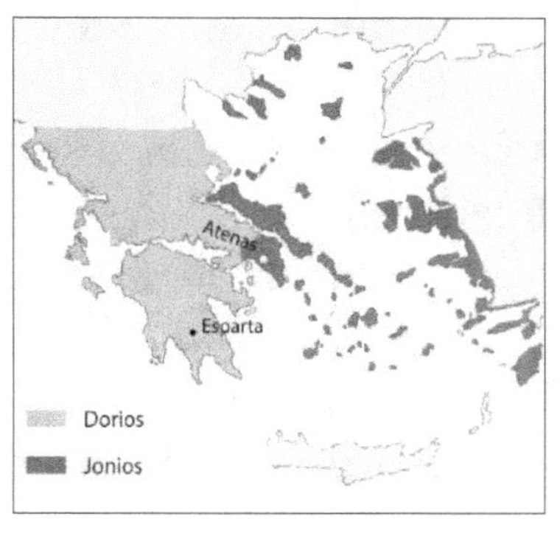

expandirse por toda la costa griega, por las islas y por todo el litoral occidental de la actual Turquía. Por tanto, su modus vivendi ya no dependió como antes de la tierra, sino del comercio marítimo.

Aquel obligado aprendizaje a 'negociar', a ser 'comprensivos' y a ponerse 'en el lugar del otro', hizo surgir nuevos grandes hombres que ya no pertenecían necesariamente, como hasta ahora, a la aristocracia terrateniente, sino a una nueva clase media, cosmopolita[15], tolerante, flexible y abierta...

De manera que, a principios del siglo VI a. C., los héroes de aquel tiempo dejaron de ser los Aquiles, los Agamenones, los Ayaxs, los Diómedes, etc. —cuyas andanzas las podemos ver en la Ilíada y en la Odisea—, sino unos nuevos constructores de "orden", tanto social como individual.

Aquellos nuevos 'héroes' comenzaron a meditar sobre "*la medida del hombre*"; es decir, cuáles

---

[15] **Cosmopolita**. [persona] Que ha viajado mucho a diferentes países, conoce culturas diversas y considera que cualquier parte del mundo es su patria.

son sus "***límites***", y qué es lo que le diferencia de los "dioses".

Se preguntaron, por primera vez en la historia conocida de la humanidad, *¿qué es eso de la "dignidad" humana? ¿Qué es la "comunidad"? ¿Qué es la "justicia"? ¿Cuál es la mejor forma de vivir y convivir? ¿Cuál es la acción correcta? ¿Cuál es la mejor constitución, o pacto mutuo, para una correcta convivencia?*

¿Qué es un comportamiento digno? ¿Dónde está la mesura? ¿Qué diferencia hay entre el hombre como hombre, y el hombre como animal? ¿Cuál es la relación adecuada entre el hombre y los dioses? ¿Cómo actuar ante los embates del destino?...

Los siete sabios de Grecia

En medio de aquel clima de grandes cambios políticos y sociales, Solón fue elegido, con poderes extraordinarios, magistrado y "árbitro" para que redactara una constitución que integrase tanto a jonios como a dorios... Para Solón, el origen de todos los males era la **soberbia** (la *hibris*), ya que la verdadera "nobleza" (la *areté*, de la que tanto hablaba la aristocracia) era inseparable de la Justicia.

De manera que propuso una 'constitución', <u>que fue aceptada por todos</u>, en la que introdujo una gran cantidad de reformas dirigidas a aliviar la situación de un campesinado asediado por la pobreza, por las deudas (que, como siempre conducen a la esclavitud) y por un régimen señorial (el dorio) que lo ataba a las tierras de su señor, conduciéndole, irremediablemente, a no salir nunca de la miseria.

[Como vemos, el programa de la NOM es más viejo que el ir a pie. También quiere endeudarnos permanentemente para sobrevivir, y así esclavizarnos permanentemente]

Para Solón la Justicia era un asunto concerniente a toda la comunidad. (No una justicia para la casta y otra para el populacho). Por tanto, cualquier daño infligido a cualquier miembro de la *polis,* era un daño infringido a toda ella. De manera que Solón instó al pueblo griego *"a que aprendiera a gobernarse por sí mismo con Justicia"*.

Efectivamente, una vez terminado con el trabajo que se le había encomendado, Solón se alejó de Atenas y no regresó en diez años, dando lugar con ello a que la comunidad pudiese ensayar, sin sentirse cohibida, el programa de vida que se le había propuesto.

Junto a Solón, también aparecieron por toda la Hélade otros grandes hombres que asimismo proponían sensatez y autocontrol:

Bias de Priene, conocido por su moral práctica y por el poco valor que daba a la riqueza, en una ocasión en la que la ciudad de Priene fue saqueada, salió totalmente desnudo, diciendo: *"Me llevo todo lo que tengo."* Y, en otra ocasión, vino a decir casi lo mismo: *"El 'saber' es la única propiedad que no puede perderse"*... Así que, *"adquiere en la juventud el buen obrar, y en la vejez la sabiduría."*

A Cleóbulo de Lindos, otro que buscaba la moderación y la sensatez, se le atribuyen las siguientes máximas:

"La moderación es lo mejor." *"Aprende a vivir aislado y a meditar en soledad; pero si te mezclas con la muchedumbre procura ser, como todos ellos, uno de tantos".* O, *"no salgas de tu casa sin darte cuenta de lo que vas a hacer, ni vuelvas a entrar en ella sin darte cuenta de lo que has hecho."*

Quilón de Esparta, otro de los llamados "Siete Sabios" de Grecia, decía:

"No desees lo imposible". *"No hables mal de los ausentes ni de una persona en desgracia".* *"Si eres fuerte, sé también misericordioso, de forma que tus vecinos puedan respetarte y no sólo temerte".* *"No permitas que tu lengua corra más que tu inteligencia".* *"Contén la ira".*

Tales de Mileto: *"La ignorancia es un fardo pesado"* y *"Aprende y enseña lo que creas que es mejor."*

Pítaco de Mitilene, que también aconsejaba sabiduría, decía:

"No hagas tú lo que reproches a otro", o, *"si queréis conocer a un hombre, revestidle de un gran poder. El poder no corrompe, ¡desenmascara!"*

Y, finalmente, encontramos a Periandro de Corinto:

"Que tu felicidad no sea fruto de las circunstancias favorables, sino producto de ti mismo." *"No hagas nada que sea vergonzoso, ni en presencia de los otros ni en secreto; que tu primera ley sea el respetarte a ti mismo."* *"Es mejor morir como un pobre que vivir como un miserable."*

Como acabamos de ver, a principios del siglo VI a. C., el pueblo griego ya estaba firmemente instalado en el camino que va desde la esclavitud a la **fe espiritual**; la que lleva a la **libertad-responsabilidad** y, estas dos, a la **abundancia**.

[Recordemos al historiador escocés Alejandro Frases Tyler:

"La edad promedio de las más grandes civilizaciones de la tierra ha sido de doscientos años, y to-

*das han seguido la siguiente secuencia: De la es-
clavitud a la fe espiritual; de la fe espiritual a responsabilidad y a la libertad; de la libertad a la
abundancia..."*]

Ahora bien, aquella toma de "conciencia" no apareció de la nada, sino de una tradición **espiritual** que se mantiene viva—, al margen del paso de las civilizaciones, de las catástrofes naturales, de las invasiones, de los vaivenes políticos o de las distintas 'modas' ideológicas o filosóficas: los ***"misterios"***. Esta perenne tradición espiritual fue la que enseñó a Grecia, a ser Grecia…

5

LOS ORÍGENES
ESPIRITUALES DE GRECIA

"Los 'Misterios' nos dieron la vida, el alimento;
enseñaron a las sociedades las costumbres y las leyes,
y éstas enseñaron a los hombres a vivir como tales".

Marco Tulio Cicerón
Político, filósofo, escritor, y orador romano del siglo I a. C.

Aquella definitiva ruptura con el viejo mundo había hecho surgir un deseo de <u>asirse a 'algo' que ofreciera una cierta 'seguridad' ante las incertidumbres de la existencia terrena</u>; necesidad que fue satisfecha por los *"misterios de Eulesis"* y por los *"misterios órficos"*, que hablaban de un sentido de la vida y de una sobrevivencia después de la muerte …

Los misterios de Eulesis

Eulesis era una pequeña población situada a unos 30 kilómetros al noroeste de Atenas, productora de trigo y cebada. Albergaba un santuario dedicado a la diosa Démeter —que simbolizaba la "*potencia generatriz*" del Universo—, y a su hija Perséfone —que simbolizaba al "alma" humana—; culto que sobrevivía de la época minoica, que a su vez provenía del antiguo Egipto, que a su vez provenía de la desconocida noche de los tiempos ...

En el siglo VII a. C., el santuario adquirió su máximo esplendor, llegando a ser uno de los más importantes de Grecia. Los únicos requisitos para "iniciarse" en él era carecer de «culpas de sangre», (no haber cometido asesinato alguno) y no ser un "bárbaro" (saber hablar griego). No se exigía nada más; se permitía iniciarse a hombres, a mujeres e incluso a esclavos.

Ahora bien, las enseñanzas que allí se impartían sólo se ofrecían una vez en la vida de cada persona, que tenía que esperar varios lustros, incluso décadas, para poder incorporarse al grupo que sería iniciado cada año. No había credo ni dogma alguno, ni nadie era invitado u obligado a iniciarse. El acceso a los "misterios" era voluntario. Aun así, acudieron reyes y cortesanas, comerciantes y poetas, esclavos y gentes de toda posición y procedencia.

La base de sus enseñanzas era exponer la inmortalidad del alma humana, con sus continuos renacimientos y muertes, hasta que finalmente se libere, <u>por su propia voluntad y esfuerzo</u>, de las garras del Hades[16].

Como podemos ver, a los "iniciados" se les mostraba el **por qué** y **para qué** de la existencia y el **por qué** y **para qué** de la vida y de la muerte.

El gran poeta griego Píndaro decía:

"Bendito es aquel que, habiendo visto estos ritos,
toma el camino adecuado en la tierra.
Pues ahora conoce el final de la vida,
así como su divino comienzo."

Y, 700 años más tarde, el romano Cicerón dijo:

"Los Misterios nos dieron la vida, el alimento; enseñaron a las sociedades <u>las costumbres y las leyes</u>, y éstas enseñaron a los hombres <u>a vivir como tales</u>. No solo encontramos ahí la razón para vivir más serenamente, sino para morir con mayor esperanza."

Ahora bien, aquellas enseñanzas se daban en dos formatos diferentes: los Pequeños Misterios y los Grandes Misterios. Los primeros estaban dedicados al pueblo común, y en ellos se enseña-

---

[16] **Hades.** El lugar de los "muertos".

ba una **moral cívica**. Los segundos, los "Grandes Misterios" estaban reservados a las personas de mayor desarrollo intelectual y moral. Es decir, los Pequeños Misterios tenían como objetivo formar **ciudadanos virtuosos** y los Grandes Misterios formar **sabios**.

Heráclito, que nos aportó el conocimiento del *devenir universal*, es decir, el continuo pasar de un contrario (u opuesto) a otro, fue —según él mismo reconocía— un iniciado en Eulesis.

Por su parte, Anaxágoras —que también fue "iniciado"— identificó los elementos constitutivos del Universo en "*infinitas partículas elementales*". Eso tenía una relación evidente con lo que se enseñaba a quienes accedían a la "Gran" iniciación, cuando se refería a las fases de la *"re-agrupación" y de "desintegración" de los átomos en el "concierto de la vida universal". "Nada nace ni nada perece. —decía— La vida es una agregación, la muerte una separación."*

Además, Anaxágoras fijaba como *"Principio del 'Orden Perfecto', que reina en el Universo, a un 'Ser inmaterial', o un 'Gran Principio' ordenador"*.

Como podemos ver, los Grandes Misterios ponían de manifiesto la *"Unidad e Inmutabilidad de Dios*", <u>oponiéndose radicalmente al politeís</u>mo popular (con todos los dioses del Olimpo) que únicamente se **toleraba** en los Pequeños Misterios.

Todos los llamados "Los Siete Sabios de Grecia", así como los grandes poetas y filósofos de la antigua Grecia, fueron iniciados en los Grandes Misterios de Eulesis o en los "Misterios Órficos". <u>Por eso, y únicamente por eso, fueron grandes 'sabios'</u> e <u>hicieron grande a Grecia.</u>

Los Misterios Órficos

Asimismo, en el siglo VI, a. C., comenzaron a llegar de la India los Misterios Órficos. La creencia en la inmortalidad del alma, (y la responsabilidad que esto supone), también era la base de ellos.

Según el orfismo, *"el alma procede de Dios, y es eterna. Por tanto, no nace ni puede morir. Las almas son, pues, espíritus divinos que, por alguna culpa que aún arrastran, necesitan una "purificación", por lo que, de tanto en tanto, entran en el mundo terreno para que vivan en cuerpos humanos, hasta que, a través de una progresiva purificación, las salve del "círculo de la generación" y las devuelva, de una manera definitiva, a la bienaventurada existencia divina."*

Según esta doctrina de la *"reencarnación"*, el cuerpo es la prisión, el sepulcro del alma. Y, para que ésta se libre de esta cadena, Orfeo le mostraba *"el sendero de la salud"* (que Jesucristo llamará *"el sendero de la Vida"*)

Aquellas dos religiones de "salvación" invertían, pues, las originales concepciones vitales de los antiguos griegos que, según ellos, el alma no era más que una sombra sin vigor, y la estancia en el Hades una existencia inconsciente... Sin embargo, a partir de Eulesis y del Orfismo todo eso quedó invertido: el alma pasó a ser lo esencial del hombre, mientras que el cuerpo no fue más que aquel *"ropaje de carne"* que se abandona. A partir de entonces la verdadera vida fue la del más allá; la terrena, por el contrario, no era más que una 'purificación', o una especie de 'purgatorio'.

Nadie, excepto Jesucristo, ha formulado tan radicalmente como Eurípides esta transmutación de los valores de la vida y de la muerte, del aquí y del más allá, con su pregunta:

"¿Quién sabe si la vida no es una muerte
y, lo que llamamos muerte, allí se llama vida?"

Frase que Platón atribuye a **Eurípides** —el órfico por excelencia—, en su obra Georgias

Así, pues, *"siendo de naturaleza divina, el alma humana es encerrada en un cuerpo, y por ello la vida encarnada se parece más a la muerte, mientras que la muerte es el comienzo de la verdadera vida. Pero esta "verdadera vida" no es un don automático: <u>el alma tiene que ganársela por sus propios méritos</u>. Así, tras la muerte, el alma es juzgada conforme a sus méritos y a sus faltas, y, pasado un tiempo, se encarna de nuevo. Por tanto, el destino del alma es trasmigrar de vida en vida y* **perfeccionarse hasta alcanzar la liberación final."**

Como podemos ver, la vida órfica implicaba autorresponsabilidad y <u>deber</u>. Sobre estos dos "principios" se construyó la civilización griega…

Ahora bien, como todas las civilizaciones, sólo alcanzar su clímax, comenzó a degenerar…

6

EL PRINCIPIO DEL FIN
DEL ESPÍRITU GRIEGO

*"Sólo las personas que han sido 'instruidas'
pueden ser libres"*

Epicteto Filósofo romano (55-135 d. C.)

De repente, a mediados del siglo VI (en el 546 a.
C.), el rey persa Ciro I invadió toda el Asia Menor occidental, incluidas todas las colonias griegas repartidas por la costa de la actual Turquía.

Eso supuso una gran conmoción en toda la Jo-
nia asiática. Su economía, basada en la libertad
de comercio, se vio amenazada por un régimen
dictatorial y aristocrático. De manera que, cuando los persas tomaron los accesos que dan al Mar
Negro (el estrecho de los Dardanelos), todas las ciudades jonias se sublevaron con la ayuda de Atenas. Pero los persas no sólo sofocaron inmediatamente aquellas rebeliones, sino que se hicieron

con las islas de Quíos y Lesbos, e incluso con el mismísimo Bizancio.

Aquello fue decisivo para que todo el mundo griego tomara conciencia del peligro y, por tanto, se uniese para combatir al enemigo común, y defender así su sistema de vida. Incluso la aristocrática Esparta, que en un principio no quiso saber nada, acabó poniéndose de parte de los jonios, prometiendo aportar tropas.

Finalmente, tras cuarenta años de durísima lucha, el pueblo griego logró vencer a la gran potencia del momento.

Aquello fue sentido como una victoria "helénica", y todos se sintieron, por primera vez, un solo pueblo, triunfante y eufórico. Sin embargo, aquella 'victoria' marcaría el comienzo de su decadencia.

Inesperadas consecuencias de las guerras medas

La extraordinaria victoria sobre los persas no había dependido, como antaño, de un jinete costosamente armado (sólo un noble con recursos podía costear su equipo), sino del hoplita (ciudadano de clase media que podía pagarse un escudo y una espada) y del-

remero[17] (que sólo podía aportar sus 'músculos'). Es decir: todos, desde el primero al último, colaboraron en la victoria.

La "nobleza", pues, perdió el monopolio de la defensa de la comunidad, y ya no pudo justificar la usurpación del poder político; no sólo los ciudadanos de clase media reclamaron su merecido protagonismo en la vida política, sino que las clases más humildes (los "remeros") también exigieron sus "derechos".

Se abrió, pues, una gran **polémica** acerca de lo *"justo"* y de lo *"injusto"*, acerca de lo *"noble"* o de lo *"innoble"*, acerca de los *"derechos"* y de los *"deberes"*, acerca de la *"libertad"*, de la *"ley"*, de los *"privilegios"*, etc., etc. <u>Todo se puso en cuestión...</u>

En efecto, durante la época anterior a la guerra se consideraba que <u>las leyes</u> eran de *"origen <u>divino"</u>*, ya que lo que era justo, **"<u>era justo por naturaleza</u>"**, y lo que era noble, **"<u>era noble por naturaleza</u>"**. Sin embargo, tras derrotar a los persas, las nuevas leyes (las nuevas reglas del juego) que se tuvieron que establecer, fueron el resultado de una serie de acuerdos (pactos) asamblearios donde participó todo el pueblo.

---

[17] Los griegos vencieron a los persas por mar. La victoria fue, pues, de los "remeros-marinos".

Aquello provocó una gran polémica entre los que consideraban que la "ley" <u>no tenía un valor absoluto</u>, porque lo "correcto" y lo "justo" eran *relativos*, y los que consideraban que la "Ley" se basaba en valores *absolutos*. *"El bien —decían estos últimos— es el 'Bien en sí', lo correcto es lo 'Correcto en sí', y lo justo es lo 'Justo en sí',* <u>*prescindiendo de las convenciones humanas.*</u>*"*

Aquella envenenada polémica fue el tema favorito de los llamados "sofistas". Y ¿cuáles eran sus argumentos? Pues, los mismos de hoy: NINGUNO, la pura NADA...

Los sofistas

En primer lugar, el **escepticismo**, al sostener la imposibilidad de llegar a ninguna verdad absoluta: *"No se puede superar la duda, es imposible la certeza. Por tanto, si es imposible la verdad absoluta, un hombre 'sabio' es aquel que sabe argumentar para seducir* (manipular) *a sus interlocutores y conducirles a donde éste quiere."*

En segundo lugar, el **relativismo**, al sostener que las verdades, valores y leyes dependían de las condiciones, momentos y circunstancias en que eran formuladas. Por tanto, nada tenía un valor absoluto, sino relativo... Eso daba paso al **subjetivismo** (y, por tanto, al <u>abuso</u> y a la <u>arbitrarie-</u>

<u>dad</u>): *"Las verdades, los valores y leyes —insistían— dependen de nuestro subjetivo punto de vista."*

De manera que cuando el sofista Protágoras decía que *"el hombre es la medida de todas las cosas"*, lo que realmente quería decir es que el "bien", lo "justo", lo "noble" y lo "correcto" dependen de las consideraciones personales de cada uno. Como la verdad y el bien no están en la cosa que se juzga, sino en el sujeto que juzga ¡TODO VALE! …

Evidentemente, todas esas barbaridades condujeron al más escandaloso **oportunismo político** pues, a partir de entonces, ya no importó la Verdad, sino ser persuasivo y elocuente para apoyar a la Injusticia, a la Manipulación y a la Demagogia.

Como vemos, los Sofistas —al contrario que los Misterios Órficos y de Eulesis— no pretendían formar hombres justos y buenos ciudadanos, sino hombres que tuvieran "éxito" en la política, en el derecho o en los negocios, <u>fuese como fuese</u>.

De manera que —como hoy— se puso de moda el más crudo **cinismo** moral y político.

A partir de finales del siglo V a. C., los griegos sólo pensaban en el beneficio personal, desatando con ello toda clase de injusticias. La fe religiosa, <u>que ponía freno al egoísmo</u>, desapareció. La soberbia, la insolencia y la ambición se desencadenaron… y **llegó la guerra civil**. Eso supuso para aquellos insensatos la pérdida definitiva de su independencia espiritual y política[18].

En su *"Historia de la guerra del Peloponeso"*, el gran Tucídides habla de aquel tiempo tan parecido al nuestro:

"La audacia irreflexiva pasó a ser considerada un valor fundado en la lealtad al partido. Por el contrario, la prudencia se consideraba una cobardía, la moderación una falta de carácter y la inteligencia no apta para la acción. El irascible era siempre digno de confianza, mientras que el comprensivo, sospechoso. Si uno urdía una intriga y tenía éxito, era inteligente; pero quien tomaba medidas para que no hubiese ninguna

---

[18] *"La edad promedio de las más grandes civilizaciones de la tierra ha sido de doscientos años, y todas han seguido la siguiente secuencia: De la esclavitud a la fe espiritual; de la fe espiritual a la responsabilidad y a la libertad; de la responsabilidad y de la libertad a la abundancia; de la abundancia al egoísmo; del egoísmo a la complacencia; de la complacencia a la apatía; de la apatía a la dependencia y, de la dependencia, de nuevo a la esclavitud"*

necesidad de ellas, pasaba por ser 'un destructor de la unidad del partido'.

necesidad de ellas, pasaba por ser 'un des-tructor de la unidad del partido'.

En una palabra, era aplaudido quien se adelantaba a otro en la ejecución del mal, e igualmente lo era el que impulsaba a ejecutar el mal a quien no tenía intención de hacerlo. Más aun cuando aquellas asociaciones (los partidos) *no se constituían de acuerdo con las leyes establecidas con vistas al beneficio público, sino al servicio de la codicia. Y es que la mayor parte de los hombres aceptan más fácilmente el calificativo de 'listos', cuando son unos canallas, que el de 'cándidos'; de esto se avergüenzan, mientras que de aquello se enorgullecen.*

Así fue como la perversidad en todas sus formas se instaló en el mundo griego a raíz de las luchas por el poder, y la integridad, con la que tanto tiene que ver la nobleza de espíritu, desapareció víctima del escarnio, y los espíritus más mediocres triunfaron..."

Hacia el 350 a. C, el espíritu y la fuerza de los griegos habían terminado para siempre. Sólo sobrevivió su "apariencia"... (durante la época helenista)

Por qué se autodestruyó Grecia

Durante dos siglos Grecia había creído en la existencia de verdades universales[19] (que aprendió en Eulesis y en los Misterios Órficos), y actuó de acuerdo a ellas; por eso nos legó los conceptos de Mesura, Belleza, Verdad, Libertad, Honorabilidad, Virtud, Deber y Justicia. Los griegos, antes de "enloquecer", tenían unos "ideales" por los que luchar. Por esto fueron lo que fueron. Sin embargo, lo mismo que los atlantes, *"cuando ya no pudieron soportar la prosperidad, a la que su virtud los había llevado, <u>degeneraron</u>."* **Platón**

Aquella sociedad, infatuada y corrompida por la soberbia y las riquezas, dejó de buscar el "Bien" <u>ideal</u>, la "Justicia" <u>ideal</u>, la "Medida" <u>ideal</u>, la "Belleza" <u>ideal</u>, es decir, la "<u>Única Verdad</u>", sino satisfacer su vanidad, sus ansias de lujo y placer corporal en cualquiera de sus variantes. Y, al dejar de buscar el mejoramiento moral y ético, porque eran "relativos", nadie estuvo dispuesto —como hoy— a sacrificarse ni a luchar <u>más que para uno mismo</u>. Por eso —y por nada más que por eso— se autodestruyó la "civilización griega", y por eso —y por nada más que por eso— se autodestruirá la nuestra…

---

[19] **Universal**. *adjetivo*. Que pertenece o se refiere a todos los países, a todos los tiempos, a todas las personas o a todas las cosas.

7

LOS ÚLTIMOS HÉROES GRIEGOS

"Las dificultades con que tropiezan las ciudades-estado no son resultado únicamente de las deficiencias morales de sus estadistas o maestros; son más bien el resultado de una enfermedad de todo el pueblo. El pueblo mismo es el gran sofista."
Platón. *"La República"*

Como peñascos erguidos en medio de aquel turbulento mar de egoísmo y escepticismo, algunos pocos, poquísimos hombres íntegros se mantuvieron firmes, tratando de hacer volver al pueblo griego a los caminos de sensatez, pensando que, así, tal vez lograrían evitar su inminente ruina. Aquellos pocos, pero grandes-atenienses, a los que no sólo los occidentales, sino toda la humanidad debe tanto, fueron Sócrates, Platón, Sófocles y Eurípides. Empecemos con Sócrates que, a pesar de que nunca dejó nada por escrito, sabemos de él a través de Platón.

Sócrates

Aquel gran hombre de sólidas creencias, decía:

"La Verdad (lo eterno, lo permanente, lo que no cambia, lo que se sustrae al tiempo…) *sí existe. Por tanto, sólo es 'sabio' el que sabe lo que es Bueno en sí, lo que es Virtuoso en sí y lo que es Sabio en sí. Por el contrario, es un ignorante, aunque se crea un sabio, aquel que dice, como los sofistas y los descreídos, que la Verdad no existe."*

La mayoría de los diálogos de Sócrates —recogidos por Platón— tratan de enseñar a sus conciudadanos cómo buscar esta "Verdad":

En el **Critón** se pregunta qué es la Justicia.
En **Laques**, qué es la Valentía.
En **Lisis**, qué es la Amistad.
En **Hipias Menor**, qué es lo Bello.
En el **Teeteto**, qué es Saber.
En **Timeo**, qué es ser Hombre.
En **Eutifrón**, qué es la Piedad.
En **Protágoras**, qué es la Nobleza.
En **El Banquete**, qué es el Amor.
En **Gorgias**, qué es la Sabiduría.
En **Hipias Mayor**, qué es la Verdad, y
en **Fedro**, cuál es el destino del alma.

Sócrates instaba a sus conciudadanos a que buscaran la Verdad <u>tras la apariencia</u>, la Ética y la Moralidad <u>tras la costumbre</u>, la Justicia <u>tras el derecho</u>, la Convivencia y la Solidaridad <u>tras el "Estado"</u>, a Dios <u>tras los "dioses"</u> y la Verdad <u>tras la "mentira"</u>. Todo lo demás era para él una tomadura de pelo. Por eso le decía al sofista Cálicles:

"¿Y qué te parece esta retórica hecha para el populacho de Atenas, así como para el de otras ciudades, a unos hombres que se suponen libres?

¿Qué te parece mejor, Cálicles, que los oradores compongan sus arengas con el propósito de que sus conciudadanos mejoren, por virtud de sus discursos, o te parece mejor que los oradores, buscando agradar a los votantes y descuidando el verdadero interés público para no ocuparse más que del suyo personal, tratan a los pueblos como a niños, esforzándose en complacerlos, sin inquietarse lo más mínimo si éstos se volverán mejores o empeorarán aún más...?

Sí, Cálicles, hay dos maneras de arengar: una de ellas es una vergonzosa adulación y la otra, en cambio, es honorable: la que trabaja para mejorar las almas de los ciudadanos diciéndoles la verdad, sea agradable o no al auditorio.

Así, pues, un buen orador tenderá siempre a este fin en los discursos que dirigirá a las almas del pueblo; y si les hace alguna concesión, o se le oculta algo, será, sin perder nunca de vista cómo hacer nacer la Justicia en el alma de sus conciudadanos, de expulsar de ella al egoísmo y a la injusticia, de hacer germinar en ella la Templanza y de apartar de ella a la intemperancia; de introducir, en fin, todas las virtudes y de excluir todos los vicios." **Platón.** Gorgias

Sócrates intentaba hacer ver a sus paisanos que, tanto la vida privada como la pública, necesitan sólidos <u>valores</u> para no dejarse engañar por el relativismo, por el particularismo, por la casuística y por la demagogia. Fue así cómo, utilizando únicamente su "sentido común" y <u>su firme decisión de no engañarse ni a sí mismo ni a los demás</u>, descubrió la **ley moral** que anida en toda alma humana.

En su último diálogo *"Las Leyes"*, que podríamos llamar "su testamento", Sócrates dice:

"Hay tres cosas <u>muy perjudiciales</u>, tanto para el hombre como para la sociedad:

1° Creer que Dios no existe.

2° Creer que, aunque existe, no se preocupa de los problemas del hombre.

3° Creer que, aunque Dios se preocupa de él, el pecador impenitente puede escapar del juicio y

castigo, comprando el favor de la Divinidad a base de donativos y ofrendas.

Un buen legislador no puede proceder con nobleza y eficacia si no destruye antes, con sólidos argumentos, estas funestas creencias." **Platón** "Las Leyes" libro X

Y, en el "Fedón", Sócrates va directamente al meollo del asunto:

"Me parece completamente desprovisto de razón pensar que los verdaderamente sabios quieran salir de la tutela de Dios, dejando al mejor gobernante del mundo. ¿Os figuráis que, abandonados a vosotros mismos, os vais a gobernar mejor? Comprendo que a un loco se le pueda ocurrir que es preciso huir a toda costa de un amo que sólo se preocupa de sí mismo. Pero un hombre sensato deseará estar siempre bajo la dependencia de uno que se preocupa únicamente de lo mejor para él." **Platón** Fedón

Esta radical declaración desató el odio de los poderosos de Atenas... Y, después de un vergonzoso proceso, el tribunal de la polis pronunció sentencia de muerte contra el hombre que se había atrevido a airear sus miserias y había exigido *"una concepción más generosa y profunda de la vida, de la piedad y de la justicia, así como una reconciliación general."* **(Platón**, Gorgias)

…pero fue declarado —como Jesucristo— ¡enemigo del pueblo!

> [El mismo Sócrates, reconoció que el conflicto era inevitable, y *"consideró natural su muerte por voluntad divina."* **Platón**. Apología de Sócrates]

Con su muerte selló la veracidad y coherencia de su pensamiento y de su vida, convirtiéndose –también como Jesús— en un modelo para todos los tiempos.

Sófocles

Al igual que Sócrates, el poeta Sófocles nunca perdió "el norte" ni los "límites del hombre". Según él, o los hombres se someten a la Voluntad Divina (al Derecho Natural), o terminan autodestruyéndose. Como veremos a continuación, con sus "dramas" pretendía decir a sus descreídos conciudadanos: *"Volved a las 'creencias' de vuestros padres, si no queréis ir directamente a la auto- destrucción".*

En la tragedia *"Antígona"*, Creonte, el rey de Tebas, prohíbe enterrar el cadáver de Polínices para que sea presa de perros y aves, ya que, según él, pretendía atentar contra la patria.

Pero la hermana de Polínices, Antígona, desobedece al tirano y, cuando intenta enterrar el cadáver de su hermano—tal como prescribe la ley de Dios—, es apresada por la guardia de Creonte, tras haber intentado inútilmente convencerla para que cesase en su empeño, pues ambas posturas son irreconciliables. [Aquella defiende las leyes no escritas de Dios (la Ley Natural), mientras, la guardia defiende las leyes escritas de los hombres (las leyes positivas)]

Finalmente, el rey Creonte condena a Antígona a ser enterrada viva en una tumba de piedra.

El hijo del tirano, Hemón, prometido de Antígona, intenta persuadir a su padre, pero éste hace prevalecer la ley del Estado, y se cumple la sentencia.

Mientras tanto, el Coro aconseja a Creonte *"que no vaya en contra las leyes divinas..."*

Creonte finalmente se arrepiente y decide liberar a Antígona, pero ya es tarde; ésta se ha suicidado y su prometido, cuando la ve muerta, también se quita la vida con su propia espada. Ahora, ambos amantes yacen en la tumba.

A través de un mensajero, la reina Eurídice se entera de la muerte de su hijo. Ella, enloquecida por el dolor que le produce la noticia, se retira en silencio y, dentro de palacio, hunde también una espada en su pecho y muere increpando a Creonte por la muerte de su hijo.

Creonte se ve así destruido por su propia soberbia, mientras el Coro le dice: *"¡Qué tarde parece que vienes a entender lo qué es la Justicia!"*, y añade: *"Hay que ser sensato en los dictados, ya que no hay que violar las leyes eternas."*

Al final de la Tragedia, Creonte, luego de haber empujado a la muerte a su hijo, a su prometida y a su propia esposa, aparece como un hombre acabado para el cual la vida ha perdido todo su valor.

Los tontos-ilusos del NOM y del movimiento *"woke"* harían bien en no despreciar el extraordinario patrimonio cultural de Occidente, si no quieren acabar autodestruyéndose con sus quiméricas pretensiones…

Aún más grandiosamente representó Sófocles en el **Edipo Rey** su firme creencia en que *"la divinidad es y lo puede todo, y el hombre no es ni puede nada"* y, por consiguiente, su ilusa arrogancia siempre lo conduce al desastre…

A los jóvenes reyes de Tebas un oráculo les había anunciado un destino espantoso: *"el hijo que esperaban mataría a su padre y se casaría con su madre"*.

Para evitar tal tragedia, los padres deciden matar a Edipo al nacer…, *"pero los dioses lo habían dispuesto de otro modo"* (canta el coro).

El siervo, encargado de llevar a cabo aquella horrible tarea, tiene piedad del niño y lo entrega a aun pastor que sirve al rey de Corinto, que, al ver al niño, se lo lleva a su esposa.

Como estos no tienen hijos, adoptan a Edipo y lo educan como si fuera su propio hijo. Edipo crece fuerte, arrogante y valiente. Todos en Corinto lo creen el hijo del rey.

Sin embargo, en una visita que hace el joven príncipe al oráculo de Delfos le son reveladas las siguientes palabras: *"No vuelvas a tu patria porque asesinarás a tu padre y te casarás con tu madre, y tu posteridad será odiada por los hombres."*

Edipo, ante aquel terrible augurio, decide no volver a Corinto y se dirige a Tebas.

En el camino encuentra a un noble anciano que viaja en su carro, acompañado de su guardia personal. Como el camino es estrecho, el cochero empuja rudamente a Edipo a un lado; lo que produce una violenta reyerta. Edipo acaba matando al anciano y a su escolta. Sólo un siervo logra escapar… (El anciano era el rey de Tebas, ¡el verdadero padre de Edipo!)

Edipo continúa su ruta y, tras un largo viaje, llega finalmente a Tebas, cuya población tiene que soportar a una esfinge, monstruo con cuerpo de león, cabeza de mujer y alas de ave, que da muerte a quien no acierta la solución al siguiente enigma:

"¿Cuál es el animal, de todos los seres vivientes, que camina con dos, con tres y con cuatro patas, y que es más débil cuantos más pies tiene?"

Edipo no tiene ninguna dificultad en responder: *"El 'hombre', pues cuando es niño anda a gatas, después camina con los dos pies y, finalmente, la vejez lo obliga a utilizar un bastón como si fuera un tercer pie"*. En aquel mismo instante, el monstruo se precipita desde su roca, rompiéndose en mil pedazos, y Tebas queda libre.

Los tebanos, agradecidos, proclaman a Edipo rey y lo casan con la viuda del rey anterior (su verdadero padre, que había asesinado en el camino) Es decir, se casa con Yocasta, su verdadera madre. Se cumple así el oráculo.

Por un tiempo, Edipo vive feliz en Tebas y tiene con Yocasta dos hijos y dos hijas. Pero llega un día en que Tebas es asolada por la peste, los ciudadanos mueren a miles, y una comisión popular acude a pedir ayuda al rey.

Edipo escucha benévolamente y responde que ya tomó disposiciones, al enviar a su cuñado a Delfos para consultar a los dioses.

Poco después, este último regresa portando la respuesta del oráculo: *"la maldición recaerá sobre el país hasta que no se encuentre al asesino del rey anterior y sea muerto y castigado"*. Edipo promete que se castigará al asesino...

Edipo consulta al adivino Tiresias; pero éste prefiere no responder. Edipo se enoja, se cruzan reproches y, por fin, el augur exclama: *"Tú eres el asesino, ¡tú eres el hombre que buscas!"*

Edipo cree que el adivino ha dicho estas palabras debido al calentón del momento, pues de ninguna manera sospecha la terrible verdad.

Poco después, llega un mensajero de Corinto con la siguiente noticia: 'el padre de Edipo (su padrastro) murió hace un tiempo y ahora el pueblo quiere que le suceda su hijo'. Edipo respira aliviado porque ahora queda claro que no es el asesino de su padre.

Ahora bien, el mensajero también le comunica otra noticia: Edipo no es hijo del rey de Corinto, sino su adoptivo, y que él mismo fue quien lo recogió de un pastor, siervo del rey de Tebas, y lo llevó a Corinto.

Edipo, horrorizado, manda a buscar al pastor para que le informe de su origen. Poco a poco conoce la terrible verdad en boca del antiguo siervo. Aturdido por la fatal noticia, entra tambaleándose en palacio...

Yocasta ahora también conoce la verdad: ¡que se ha casado con su propio hijo y ha tenido descendencia con él! Se suicida, y Edipo, en su desesperación, se arranca los ojos para no ver más la profunda miseria en la que ha caído.

"Edipo es un ejemplo para todos aquellos <u>que creen que son los únicos forjadores de su propia felicidad.</u>" (canta el Coro)

Así Sófocles condenó a los arrogantes aprendices de brujo y a los que declaraban a Dios como una mera convención humana. ¡Ilusos!

Recordemos una vez más las palabras de Platón en su "Timeo":

... *"Mientras los habitantes de la Atlántida razonaban de esta manera y conservaban la naturaleza divina de la que todos eran partícipes, todo les salía a satisfacción. Pero cuando la esencia divina se fue aminorando por la mezcla con su naturaleza mortal; cuando su naturaleza te-*

rrenal superó en mucho a su esencia divina, entonces impotentes para soportar la prosperidad, a la que su virtud les había llevado, degeneraron."

Y, para hacerlos recapacitar, Zeus esta vez envió a los griegos…

8

ROMA

*"No hay nada nuevo:
todo se repite y
pasa inmediatamente."*

Marco Aurelio "Meditaciones"

Hasta el siglo III a. C., el Mediterráneo oriental estaba en manos griegas, y el occidental en manos cartaginesas. Ahora bien, a mitad del siglo surgió una nueva potencia que, tras derrotar a Cartago, tras ciento veinte años de durísima lucha, no tuvo la más mínima dificultad en hacerse con una Grecia sin ningunas ganas de luchar —al contrario que Cartago— por nada más que no fuera el lujo y la vida muelle. Sin embargo, la decadente cultura griega no desapareció, sino todo lo contrario; Roma fue el vehículo que la expandió y perpetuó por toda la Europa central y occidental. Pero eso supuso el principio de su fin…

"Grecia capta ferum victorem cepit"[20]

En efecto, cuando los cónsules Marcelo, Fulvio y Emilio Paulo regresaron —después de vencer con sorprendente facilidad a Grecia— con carretones y carretones cargados de estatuas, pinturas, copas de metal bellamente labradas, exquisitas vajillas, espejos, muebles de fina ebanistería y tejidos con ricos brocados de oro, el pueblo romano ya no tuvo ojos, más que para el lujo, la moda, los cosméticos, los afeites, los peinados y la "nueva cocina" de Atenas. La refinada y decadente cultura griega pronto corrompió a la sobria y viril cultura romana.

Cuando el historiador griego Polibio fue capturado por los vencedores y llevado a la austera Roma, le pareció que los romanos de aquella época eran invencibles.

"La particularidad —escribió— por la cual a mí juicio Roma es superior a todos los demás pueblos, es la religión que en ella se practica.

Lo que en otras sociedades sería considerado "reprobable superstición", aquí, en Roma, constituye los cimientos del Estado. Todo lo que le atañe se reviste de tal pompa, y hasta tal punto

---

[20] *"La Grecia conquistada conquistó al feroz conquistador"* **Horacio.**

condiciona la vida pública y privada, que nada podrá nunca hacerle la competencia. Creo que el Gobierno lo ha hecho aposta, para las masas. No sería necesario si el pueblo estuviese compuesto exclusivamente por gente ilustrada, pero para las multitudes, que siempre son obtusas y fáciles a las pasiones ciegas, <u>es bueno que exista algo que les ponga freno</u>."

Pero, pocos años más tarde, el poeta romano Horacio, escribiría:

"La Grecia conquistada
conquistó al feroz conquistador".

…y para ello utilizó unas armas mucho más sutiles que la espada: el teatro para la plebe —que no entendía su profundo sentido, pero le fascinaba—, y la retórica y la sofística para las clases superiores que, de creer que dos y dos hacían cuatro, acabaron creyendo que dos y dos podían ser seis, ocho o veinticuatro según conviniese para hacerse con el dinero y con el poder. De ahí vinieron todos sus males…

El tribuno Tiberio Graco, que vio venir la ruina de la república romana, dijo:

"Nuestros generales nos incitan a combatir por los templos y por las tumbas de nuestros antepasados. Ocioso y vano llamamiento. Vosotros

no tenéis ni templos ni tumbas ancestrales. Vosotros no tenéis nada. <u>Hacéis combatir y hacéis morir al pueblo, sólo para procuraros lujos y riquezas únicamente para vosotros</u>."

Cicerón

Cicerón (que, como recordaremos, escribió: *"Los 'Misterios' nos dieron la vida, el alimento; enseñaron a las sociedades las costumbres y las leyes, y éstas <u>enseñaron a los hombres a vivir como tales</u>"*) también instaba al pueblo romano a recuperar aquellas «*viejas costumbres*» que habían hecho grande a Roma: la *Pietas* respecto a los dioses, a los padres, a los hijos, a los amigos y a la patria; código no escrito <u>que va más allá de la ley</u>. La *Gravitas*, contraria a la ligereza o frivolidad en las cuestiones que requieren seriedad. La *Constantia* o tenacidad. La *Disciplina*, que es lo que da firmeza de carácter. La *Industria*, o el trabajo arduo. La *Clementia*, o disposición a perdonar y, por fin, la *Frugalitas*, que no es más que tener gustos sencillos.

Cicerón clamaba contra la *"corrupción de la administración"*, afirmando que *"los sobornos y el fraude desalientan a la ciudadanía y la hace presa de la cólera y la incita a la rebelión..."*. Por lo que decía:

"El presupuesto debe equilibrarse, el Tesoro debe ser reaprovisionado, la deuda pública debe

ser disminuida, la arrogancia de los funcionarios públicos debe ser moderada y controlada, y las subvenciones deben eliminarse para que Roma no vaya a la bancarrota. La gente debe aprender nuevamente a trabajar, en lugar de vivir a costa del Estado."

Evidentemente, Cicerón fue acusado de "enemigo del pueblo" y decapitado. (Hoy se le acusaría de "antisocial" y de "facha")

Así, tras cien años de demagogia, de abusos, de asesinatos y guerra civil, la República romana, atormentada y exhausta, pidió un dictador para que pusiese orden…

La era imperial romana

*"Dueña del mundo, la soberbia Roma
ni los regios tesoros
ni el tributo de cien naciones la saciaron,
y nuevamente sus pesadas naves
recorrieron el piélago profundo.*

*Llama "enemiga' a toda tierra donde
oro pueda encontrar,
y no es la gloria del vencedor lo que persigue,
sino que botín ansía.*

*Todo es escaso para su codicia.
En púrpura se envuelve el soldado,
y brilla más lujosa,
en su tienda del campamento
—que a palacio imita-, la joya que la espada.*

*La molicie ablanda la energía del guerrero,
y lo mismo en la paz que en las batallas
el mortal decaimiento se revela."*

Tácito. Escritor y poeta romano del siglo I d. C.

Tras la muerte de Julio César, el primer "emperador" Augusto consideró que lo más urgente era una renovación moral-religiosa. *"Las calamidades de nuestra reciente época de guerras civiles —decía— tienen su explicación en la retirada de la protección divina, consecuencia del olvido de ésta y de la consecuente degradación moral. Si se quiere restablecer la "pax deorum"* [21] *es imprescindible una vuelta a la religión.*

Sin embargo, aquella renovación religiosa, "organizada desde arriba", no se debía a que Augusto fuera un creyente, sino todo lo contrario: creía únicamente, como el historiador griego Polibio, que *"la religión es la más firme columna del poder del soberano."* Eso era en lo único en que creía.

Por eso su intento no sirvió para nada. La pronta degeneración y corrupción del Imperio,

---

[21] La **pax deorum** ("la paz de los dioses"), sobre la que se basaba la religión del Estado de la Antigua Roma, suponía una <u>armonía</u> o <u>acuerdo</u> entre los hombres y los dioses para beneficio mutuo, e indispensable para el bienestar del Estado.

que empezó por su propia "cabeza", la pudimos ver en la magnífica serie televisiva *"Yo Claudio"*, basada en la *"Historia de los Doce Césares"*, del historiador romano Seutonio.

Sin embargo, los espíritus más selectos de la Roma de los siglos I y II d. C., que añoraban la sencillez y sobriedad de los tiempos antiguos, desconfiaban —como Escipión, Catón el Viejo y Cicerón en tiempos de la República— de los lujos y de las degeneradas costumbres que habían llegado de Grecia.

Séneca

"No comprendéis nada e ignoráis vuestra situación, como aquellos que están en el circo o en el teatro, mientras ha ocurrido una desgracia en su casa y aún no han sido informados. Pero yo, que observo todas las cosas desde la distancia, veo qué próximas tempestades os amenazan para arrebataros a vosotros y a vuestros bienes. ¡¿Qué digo, próximas?! ¿Acaso ahora mismo, aunque apenas las sintáis, no os agita y envuelve ya un torbellino a vuestras almas, que tan pronto las eleva a lo más alto, o las arrastra al más hondo de los abismos?

Evidentemente, en el año 65, Nerón le acusó injustamente de conspirar contra él y le ordenó suicidarse.

Epicteto

Fue probablemente el que trató con mayor profundidad el problema de la libertad humana: *"Es un necio quien crea que la libertad consiste en querer que todo ocurra de acuerdo con nuestros deseos."*

Su condición de esclavo, y las duras condiciones que tuvo que soportar, lejos de paralizarle, estimularon a su alma para que encontrara por sí misma, lo que era (y sigue siendo) la Libertad y la Independencia. Y llegó a las siguientes conclusiones.

Primero:

*"Las cosas son de dos tipos: las que dependen de nosotros y las que no. Dependen de nosotros nuestros juicios, opiniones y deseos. Es decir, <u>nuestra manera de enjuiciar las cosas</u>. Por el contrario, no dependen de nosotros todas aquellas cosas en las que intervienen otras personas o las circunstancias de la vida, como nuestras riquezas, dignidades, nuestro cuerpo, etc. <u>Eso, repito, no depende de nosotros</u>. Por tanto, "no pretendas que las cosas ocurran como tú deseas, sino <u>desea</u>

que ocurran tal como se producen, y así serás siempre feliz.”

Segundo:

“No olvides que eres actor en una obra en que el “autor” (Dios) ha querido que intervengas. Si quiere que sea larga, represéntala larga; si la quiere corta, represéntala corta. Si quiere que representes el papel de mendigo, hazlo lo mejor que puedas. E, igualmente, si quiere que hagas el papel de un príncipe, de un plebeyo o de un tullido, a ti te corresponde representar bien el personaje que se te ha sido encomendado; no olvides que a “otro” (a Dios) le ha correspondido elegírtelo.

Debes saber que el principio de toda religión consiste en tener una opinión acertada sobre la Divinidad, creer que extiende su Providencia a todo, que gobierna el mundo con Sabiduría y Justicia, y que tú has sido creado para aceptar todo lo que te sucede y para conformarte con ello como cosas que proceden de una Providencia Buena y Justa.

Por tanto, sólo podrás llevar a cabo tu misión si no dejas de considerar “buenas” o “malas” las cosas que no dependen de ti, no sea que acabes frustrado en lo que deseas, o te suceda lo que temes, o te lamentes y odies a los que, según tú, son los causantes de tu desgracia."

Y Epicteto termina citando al estoico griego Cleantes:

"Empieza todas tus acciones y todas tus empresas con esta súplica: 'Condúceme, ¡oh, Gran Zeus!, y tú, poderoso Destino, al lugar donde habéis fijado que yo deba ir. Os seguiré resueltamente y sin dudar lo más mínimo; porque por más que intentara resistirme a vuestras órdenes, además de volverme un malvado y un impío, no podría dejar de seguiros por mucho que me resistiera."

Marco Aurelio

El último emperador de la llamada "edad de oro del Imperio" dejó unos apuntes personales bajo el título *"A mí mismo"*, que la posteridad ha titulado *"Pensamientos"* o *"Meditaciones"*.

He aquí algunos de ellos que valdría la pena recordar hoy, en el que, como en aquel tiempo, el Mal campa a sus anchas…:

O bien hay el caos de un azar sin conducción, o bien hay Providencia misericordiosa.

Si sólo hay azar sin conducción, ¿para qué resistirse? Si, por el contrario, hay Providencia, hazte digno del auxilio de Dios.

Pero recuerda que sólo está bajo la protección de Dios aquél que constantemente le demuestra que su alma está satisfecha con la parte que le ha sido asignada, y que hace todo lo que le dicta su espíritu divino que, en calidad de protector y guía, asignó a cada uno." (5, 27)

"El que se comporta de acuerdo con Dios en todo, es inspirado por su hálito y es llevado a sus mismos objetivos." (12, 23)

Y, por último, una de sus más bellas reflexiones:

"¿Serás algún día, alma mía, buena y sencilla, más patente que el cuerpo que te circunda? ¿Probarás algún día aquella disposición interior que te incita a amar y a querer? ¿Te sentirás algún día colmada, sin necesidades, sin echar nada de menos, sin ambicionar nada, sin desear un lugar, una región, un aire más apacible, o una mejor armonía con los hombres? ¿Te conformarás con tu presente disposición, estarás satisfecha con todas tus circunstancias presentes, te convencerás a ti mismo que todo te va bien y de que todo lo que te sobreviene es enviado por Dios y, asimismo, de que será favorable todo cuanto a Él le es grato? ¿Serás tú, algún día tal, que puedas convivir como ciudadano, tanto con Dios como con los hombres, hasta el punto de no hacerles

ninguna censura ni ser censurado por ellos?"
(10.1)

Mientras escribía estas "reflexiones" en su campamento a las orillas del Danubio, Marco Aurelio se hallaba muy cerca de la muerte. Un cáncer de estómago, de voracidad implacable, carcomía a aquel sabio. Sin embargo, seguía cumpliendo con su "deber", con su "destino", conteniendo a los bárbaros en la frontera, a pesar de que sabía que "un mundo alejado de Dios" pronto se autodestruiría.

Cuando él se fue, una tenebrosa noche se instaló en el Imperio. Su incendiario hijo, Cómodo, sacudió los cimientos de Roma y el Imperio comenzó a derrumbarse...

Esta vez, Zeus —que sabía que Roma no reaccionaría— desató al Mal para que éste diera paso a un mundo nuevo...

9

EL PRINCIPIO DEL FIN DE ROMA

(y de cualquier civilización)

> *"Cuando el gobierno de uno sólo se deja llevar por sus deseos cada vez más extravagantes, egoístas y degenerados, haciendo caso omiso a la Ley divina, acaba en tiranía.*
>
> *Cuando el gobierno de unos pocos, la aristocracia, se corrompe, resulta peor que la tiranía.*
>
> *Cuando el gobierno de todos, la democracia, degenera, se llega a la "oclocracia",*
> *que no es más que el gobierno de los peores en su propio beneficio, mediante la manipulación sistemática del resto."*
>
> **Polibio** Historiador griego. Siglo II a. C.

Las cuatro plagas (exactamente las mismas que hoy) que Zeus <u>permitió</u> al Mal para que barriera a aquella civilización, fueron:

1º. Una **crisis institucional**.

2º. Una profunda **crisis económica**.

3º. **Desmoralización** y **apatía** generalizadas.

4°. Una **silenciosa crisis migratoria** de grandes contingentes de otros pueblos que, portadores de culturas muy distintas a la greco-romana, se resistieron a ser integradas.

Crisis institucional

La constitución de la República Romana (y la de los primeros tiempos del Imperio) se basaba en una sabia mezcla de "monarquía", "aristocracia" y "democracia": *Consulado* (el gobierno de uno), *Senado* (el gobierno de una minoría) y *Comicios* (el gobierno del pueblo). Los tres poderes se controlaban y equilibraban mutuamente; esto se plasmaba en el rótulo que aparecía en el estandarte de Roma: SENATUS POPULUSQUE ROMANUS (SPQR) *"Senado y Pueblo romano"*.

Cada uno tenía veto sobre las decisiones del otro; los "cónsules" (los jefes del gobierno), por ejemplo, gobernaban sólo por un año sin posibilidad de reelección inmediata. Además, cualquier decisión que tomaran podía ser apelada, tanto por la "aristocracia" (el senado) como por el "pueblo" (los comicios). Y, una vez terminado su mandato, el cónsul <u>respondía</u> por todos los actos contrarios a la ley que hubiese cometido.

El Senado era la institución más importante; era el centro y el motor de la actividad política romana. Tal importancia se fundaba en la *"autoritas"*, esto es, en la 'sabiduría' que <u>toda la sociedad romana reconocía en los senadores</u>[22]. Tanto era así, que los cónsules (en el caso de la República y de los primeros "emperadores" cuando se instauró el Imperio) estaban moralmente obligados a consultar siempre su parecer y seguir sus consejos. Otras de sus funciones era ratificar los acuerdos de los Comicios (de la Asamblea popular), administrar el tesoro público, manejar la política exterior y nombrar al nuevo cónsul.

Así pues, a pesar de que la mayoría de los emperadores del siglo I y primera mitad del II, mostraron una gran bajeza moral —a excepción de Augusto, Vespasiano, Nerva, Trajano Adriano y Marco Aurelio—, el sistema funcionó, ya que el Senado y los Comicios <u>siguieron siendo</u> (como en la República) <u>los dos pilares más importantes del poder legítimo</u>. Los jefes de los ejércitos respetaban la autoridad de ambas instituciones: los oficiales, procedentes de la nobleza, obedecían al Senado, y los soldados, procedentes del pueblo, a los oficiales. La disciplina era perfecta. *Cedant arma togae* (las armas cedían a la toga)

---

[22] La palabra "senador" viene del latín *"senex"* que políticamente quería decir no sólo viejo, sino, sobre todo, **sabio** con mucha experiencia.

Sin embargo, a partir de Cómodo el famoso Derecho Romano desapareció, y el ejército se convirtió en <u>la única fuente de autoridad y poder</u>. Las legiones comenzaron a imponer a sus candidatos, que tenían que tener bien presente "quién mandaba" si querían sobrevivir. De manera que ser emperador se convirtió en casi una sentencia de muerte[23]; la Guardia Pretoriana (los teóricos "guardaespaldas" del emperador) asesinó e instaló títeres tras subastarlos al mejor postor. El historiador romano Herodiano, escribió: *"... se corrompió la milicia, se habituó a un insaciable y torpe ansia de riqueza, perdiendo todo respeto a la autoridad imperial."*

Aquella chusma, chulesca y ladrona, no tuvo límites: el famoso *"Derecho Romano"* fue sustituido por la *"ley del más fuerte"*, y tanto el Senado como los Comicios acabaron siendo clausurados tras ser acusados de "enemigos del pueblo" (hoy se les acusaría de antidemocráticos o de fachas), mientras esclavizaba, poco a poco, a una desamparada e impotente población…

Crisis económica

A aquella crisis institucional —con su consiguiente falta general de seguridad, con el fin del

---

[23] A partir de Cómodo se sucedieron 39 emperadores, de los cuales sólo cuatro de ellos no fueron asesinados.

'Derecho' y con los escandalosos abusos del poder— produjo una profunda crisis económica. Los agricultores (la base de la sociedad romana), expulsados por la fuerza bruta de sus pequeñas parcelas, sucumbieron en gran número, y los pocos supervivientes que quedaron buscaron protección a través del "patronato", es decir, entrando en 'encomendación'[24] respecto a unos nuevos "amos" (militares y funcionarios de alta graduación), a quienes cedían sus tierras, pero conservando una mínima parte del usufructo, a cambio de protección frente al fisco y a la violencia existente.

Por otro lado, la manufactura y el comercio también se arruinaron. El consumo cayó bajo mínimos; los intercambios entre Oriente y Occidente, incluso entre las diferentes provincias, se interrumpieron, y las reuniones de atletismo, los gimnasios, los teatros, las termas y los espectáculos, que daban trabajo a mucha gente, fueron cerrando paulatinamente hasta desaparecer por completo.

Sin embargo, mientras la riqueza del Imperio desaparecía, un fisco implacable lo desangraba hasta la última gota, para hacer frente a los inmensos gastos del cada día más numeroso y corrupto ejército, y a los de una sobredimensionada

---

[24] **Encomendarse**: Entregarse a alguien para que éste cuide de mí.

e insaciable burocracia. <u>Las clases medias, los pequeños propietarios, los artesanos y los comerciantes</u> —**al igual que hoy**— <u>desaparecieron</u>. Es decir, ¡todos los que habían hecho grande a Roma, fueron exterminados, empobrecidos y dispersos!

A tantos azotes se sumó, finalmente, la depreciación de la moneda. Se falsificó su peso y su aleación (no había como hoy máquina de hacer "papeles" ni apuntes contables "electrónicos") provocando una vertiginosa subida de los precios de primera necesidad. A partir de aquel momento, Roma, exhausta, entró en su fase final.

El historiador Miguel J. Rostovtseff, en su *'Historia social y económica del Imperio Romano'*, nos habla de aquel proceso que fue, del éxito al fracaso:

"Por primera vez, después de siglos de incesantes guerras, el mundo gozaba de una paz verdadera (con la llegada de Augusto). *El sueño constante de los conductores del mundo antiguo se había, al fin, hecho realidad. No es de extrañar que la vida económica experimentara un alza brillante en todo el Imperio. Los Estados rivales habían desaparecido y la rivalidad era ahora pura competencia económica entre los hombres de negocios, la cual se desarrollaba libre de conspira-*

ciones políticas. Ni el Estado romano ni el emperador intervenían en aquella competencia; abandonaban la vida económica a su propia evolución. Aparte de moderados impuestos, apenas podemos descubrir medida alguna de carácter económico por parte del gobierno. La época de Augusto y de sus inmediatos emperadores fue un período de libertad absoluta para el comercio y de espléndidas coyunturas para la iniciativa privada. Roma no adoptó la política seguida por Egipto, especialmente enderezada a nacionalizar el comercio y la industria convirtiéndolos en un monopolio del Estado. Por el contrario, todo permaneció en manos de los particulares. Pero cuando lo más bajo y ruin accedió al poder, el nuevo "sistema" condujo a la desorganización del comercio y de la industria debido a la creciente intervención del Estado".

Otro gran historiador, León Homo, en su *'Historia de Roma'*, parece como si continuara las palabras de Rostovseff para describir su segunda, y última fase, muy parecida a la nuestra:

"El Imperio se acabó convirtiendo en una cárcel para decenas de millones de hombres. La intervención del Estado no produjo más que ruina, derrumbándose en la nada. El mercado se hizo cada día más limitado, mientras el Poder pú-

blico se hacía cada vez más opresor. La industria vivía sólo de los pedidos del Estado, que era un cliente egoísta y brutal: fijaba los precios, que luego quedaban en nada a causa de las altas comisiones que exigían los funcionarios.

En medio de todo aquel triste ambiente, los hombres perdieron toda sensatez. El odio y la envidia reinaron por doquier. La productividad disminuyó sin tregua. En la administración, corrupta y venal, pululaba una multitud caótica de nuevos funcionarios colocados a dedo por "el partido", que no hacían nada más que poner trabas e imponer abusivas comisiones.

La catástrofe final sobrevino cuando, al objeto de prevenir mayores "perturbaciones políticas" **devaluaron la moneda** *e implantaron la tasa de precios. La poca economía que quedaba se paralizó. Se había expoliado y menospreciado a la iniciativa privada".*

León Homo concluye:

"Roma, forjada por la Antigüedad, ha muerto por el "estatismo". En este implacable contraste se resume su maravilloso destino."

Apatía generalizada

Durante un tiempo (unos doscientos años), la corrompida cultura griega coexistió con los sólidos "principios" y "valores" de la mayoría silenciosa y trabajadora del pueblo romano. Es decir, al principio la infección sólo afectó a las clases altas... Pero llegó un momento en que aquellos últimos reductos de nobleza también se dejaron contaminar. Y, cuando toda la Sociedad acaba creyendo que sus recursos naturales, ideológicos y espirituales (que hasta ahora parecían eternos) están agotados para siempre, entonces —como ocurre hoy— una atmósfera cínica, egoísta y pasota se apodera de toda ella, anunciando su final...

El gran poeta romano Horacio, viéndolo venir, ya escribió en el siglo I:

> *"La generación de nuestros padres,*
> *peor que la de nuestros abuelos,*
> *nos dio el ser a nosotros.*
> *Pero, nosotros, aún más perversos,*
> *engendraremos una raza de cuarta clase."*

Horacio, Odas, Libro III, Oda VI, última estrofa.

Efectivamente, el pueblo romano fue degenerando, degenerando, hasta que llegó un momento en que las mujeres dejaron de parir, y los hombres sólo aspiraban a vivir a costa del Estado. Y, cuando esta 'esterilidad', tanto física como espiritual aparece, una civilización está muerta, aunque durante un tiempo todavía siga en pie por inercia.

El carpetazo definitivo sucede cuando aparece otro pueblo que encarna el 'vigor' y el 'convencimiento' de la joven fuerza "generadora" …

Crisis migratoria

Roma siempre había sufrido una gran presión en las fronteras de su Imperio. Al principio no eran más que pequeñas —pero constantes— migraciones de pueblos seminómadas en busca de lugares de asentamiento más favorables. Si bien hubo algunas incursiones bélicas lideradas por caudillos militares, la mayoría lo hicieron pobremente armados y no al modo de una invasión militar organizada. No tenían ninguna intención expansiva, sino todo lo contrario: la mayoría de las mujeres inmigrantes se dedicaron a la prostitución o al servicio doméstico, y los hombres entraron en el ejército porque los nativos no querían hacerlo.

Sin embargo, un día, aquellos "bárbaros", acosados por un violentísimo pueblo de Asia central (los hunos), se vieron obligados a cruzar la frontera masivamente y penetrar en territorio romano…

Allí se encontraron con un Imperio envejecido, nihilista y apático, y con un ejército compuesto, mayoritariamente, por gente como ellos (inmigrantes) en continua rebeldía. Así que, en el año 410, saquearon Roma, la península Italiana y, poco después, las Galias e Hispania...

Aquello que parecía indestructible, se destruyó; los que ilusamente creían que sus riquezas serían eternas, acabaron acarreando leña, y los que mandaban, los refinados y los ociosos, acabaron encorvados, trabajando de sol a sol en los campos de los nuevos amos... Así acabaron todos aquellos obsesos del poder, de la riqueza y del éxito. No hicieron caso de la experiencia griega, ni de las advertencias de hombres como Catón, Cicerón, los hermanos Graco, los estoicos y pocos más, que añoraban la antigua República, basada en una "ética" y "moralidad" sagradas. Sus advertencias no sirvieron para nada. Tras derrotar a Cartago y dejarse seducir por una Grecia decadente, aquellos, que se creían "modernos", se dedicaron a vivir más lujosamente que ningún otro pueblo había vivido antes, si no contamos con los habitantes de la mítica Atlántida.

Por eso Zeus —*"que gobierna según las leyes de la Justicia, y cuya mirada distingue por todas partes el Bien y el Mal"*—, les envió un pueblo joven y vigoroso para que los destruyera. Sólo sobrevivió lo único que **no se había dejado engañar** por el Mal: el Cristianismo... Éste, y lo mejor de la clásica cultura greco-romana, serían las bases sobre las que se construiría la Nueva civilización…

10

LA CULTURA CRISTIANA
El último obstáculo para el triunfo del Mal

> *"En el duelo entre Dios y el Diablo,*
> *el corazón del hombre*
> *es el campo de batalla."*
> **Fedor Dostoievski**

Cómo derrotar a las tres armas del Mal

En efecto, el cristianismo, que en el año 380 se había convertido en la nueva esperanza del moribundo Imperio Romano, fue el <u>único vencedor del Mal.</u>

Veamos por qué y cómo…

Según nos cuentan tanto Mateo como Lucas, Jesús, justo después de <u>recibir la Luz de la Verdad</u> (el Espíritu Santo) y <u>antes de iniciar su vida pública</u>—, tuvo que pasar la "prueba del desierto" …

Por supuesto, el Mal, ante aquella oportunidad para salir ¡por fin! vencedor del eterno y cósmico combate, hizo todo lo posible para corromperle y alzarse así con el Gran Trofeo... Así que, durante cuarenta días y cuarenta noches, Jesús soportó pacientemente, pero con firmeza, las insidias de su "lado oscuro" (el Mal).

La primera gran mentira del Mal

Pero el Mal (el ego de Jesús), que se las sabe todas, vio su gran oportunidad cuando la naturaleza terrestre de Jesús reclamó insistentemente, tras cuarenta días y noches de ayuno, su "parte". Así que le dijo:

"Si eres hijo de Dios, di a esta piedra que se convierta en pan".

Pero Jesús simplemente le contestó:

"No sólo de pan vive el hombre, sino que el hombre vive de la palabra de Dios."

¿No es desconcertante la respuesta de Jesús? ¿No debería acabar con el hambre, lo primero que debería hacer un "liberador" de la miseria humana? ¿Cómo pudo negarse? ¿Qué había de malo en la propuesta de su ego? ¿Hay algo más desconcertante que un Dios Bueno permita el hambre?

Jesús rechazó la propuesta porque sabía que el hambre en el mundo es obra del Mal (del ego humano), en contra la voluntad de Dios; sabía que si tanto los que les "sobra" como los que les hace "falta" practicasen <u>de verdad</u> la Justicia, la Decencia y la Misericordia, <u>las "piedras" se convertirían automáticamente en pan</u>.

"Buscad primero su Reino y su Justicia, y todo lo demás os será dado por añadidura." (Mt 4 36)

Eso no quiere decir que Jesús negara o despreciara las necesidades del cuerpo; recordemos que él nos enseñó a pedir: *"El pan nuestro de cada día dánoslo hoy"*. Lo que nos dice es que Dios no va a ceder hasta que dejemos de adorar al dios Mamón, hasta que dejemos de acumular y acumular para engrandecer nuestro ego, para creernos superiores a los demás, para endurecer aún más nuestros corazones, para creernos intocables…

Sin duda, si hubiese corrido la voz de que alguien convertía las "piedras" del desierto en pan por arte de birlibirloque[25], la gente le hubiera seguido en masa, pero, ¿hubieran encontrado el camino que conduce a aquella Tierra Prometida donde mana leche y miel? ¿Hubiera sanado su ceguera? Un mundo satisfecho estaría perdido y sin salvación; el egoísmo camparía a sus anchas, y las "piedras del desierto" (los duros de corazón) seguirían achicharrándose mutuamente en él, hasta que **comprendieran** <u>para qué</u> están en esta vida…

> Prometer pan por arte de magia es la primera mentira de todo político, ideólogo o técnico que se precie …

La segunda gran mentira del Mal

Tras negarse Jesús a robar masivamente a todos, falsificando la moneda y endeudándolos pa-

---

[25] **Por arte de birlibirloque,** es una locución adverbial equivalente a *"por arte de magia"*. Es decir, expresa un engaño, una estafa. Su origen lo encontramos en la jerga de los delincuentes del XVII: *birlar* ('estafar', 'hurtar'), *birlesco* ('rufián', 'ladrón'), *birlo* ('ladrón'), *birloche* ('rufianesco'). El *birloque* era el ladrón hábil que actuaba ante su víctima sin que ésta lo percibiese.

ra siempre, el insidioso Mal volvió a la carga, susurrándole al oído:

"Ya que no quieres conquistarlos a base de engaños, al menos sabe que tú, hijo de un humilde carpintero de un pueblucho de mala muerte, no sólo te despreciarán y se burlarán de ti, sino que finalmente te matarán. Los hombres sólo respetan a los que muestran signos de poder. ¿Por qué tienes que llevar a cabo tu misión soportando su ceguera, su estupidez, y su brutalidad? ¿Para acabar —abandonado por todos— en la Cruz?... ¿No es mejor tenerlos 'bien cogidos' con medias verdades y espectáculo?

Te propongo, pues, que te tires desde lo más alto del templo y, como Dios no tendrá más remedio que mandar a sus ángeles para que nada le pase a su queridísimo hijo, todos, al ver semejante espectáculo, creerán en ti y te seguirán como borregos. Has de aparecer como un superhombre que trae un bálsamo milagroso, aunque éste no sea más que una sarta de mentiras. ¿Acaso no es esto lo que quieren los hombres: ser engañados?"

Ya sabemos lo que Jesús respondió:

"No tentarás al Señor tu Dios"

Tentar a Dios no es más que, dudando, pasando o despreciando su Amor y Sabiduría, exigirle que cambie sus reglas (las reglas de la Naturaleza) a nuestro antojo. Es decir, que se haga nuestra voluntad, **sea la que sea**. (<u>Véase los ilusos "transhumanistas</u>")

El "anticristo" (nuestro estúpido e ignorante ego) nos sigue "susurrando" hoy más que nunca, '*¡Tú puedes hacerlo!*' '*¡Puedes satisfacer todos sus deseos!*' '*¡No tienes límites!*' '*¡Se lo que quieras!*' '*¡No tienes porqué aceptar lo que te ha sido dado!*'… '*¡No te conformes!*, *esto es para los débiles, para los cobardes …*'

Con estos **engañabobos**, el Mal <u>va buscando incautos a devorar.</u>

Si unos padres amorosos (de verdad) no se dejan chantajear por mucho que sus hijos pataleen, les desprecien o les odien, ¿qué hará el Puro Amor?… <u>No ceder al chantaje, y sufrir en silencio al ver sufrir a sus hijos cuando éstos hacen locuras...</u>

La tercera gran mentira del Mal

Aquí es donde el ataque del "ego" es más contundente:

"Si te dejas aconsejar por mí —le dice— podrás organizar un 'paraíso en la tierra', aquí y ahora. ¿Puede haber algo más deseable para los que se conforman sólo con oír las palabras '¡justicia!', '¡progreso!', '¡igualdad!', '¡derechos!', '¡inclusión!' y demás verborrea por el estilo? Entrégate a mí, y te enseñaré cómo enseñorear al rebaño. Serás su líder y, en vez de despreciarte, te adorarán como a un dios y todo, ¡todo será tuyo!"

El rotundo rechazo de Jesús a esta tercera y máxima tentación del ego, ha quedado plasmado para la posteridad en una de sus más revolucionarias sentencias:

"No he venido a ser servido, sino a servir."

Jesús, diría más tarde:

"Los reyes (los líderes) *de las naciones gobiernan como señores absolutos, y los que ejercen el poder sobre ellas se hacen llamar 'bienhechores'; pero vosotros no sed así, sino que el mayor de entre vosotros sea como el menor, y el que manda como el que obedece".*

Jesús rechazó cualquier tipo de poder porque sabía que éste nos vuelve aún más soberbios de lo que somos; que cualquier puesto de "responsabilidad" nos hace aún más arrogantes y fatuos de lo que ya somos; que cualquier 'justicia', aplicada desde el poder, nos vuelve "justicieros", y que cualquier fe o ideología, ejercida desde el poder, nos convierte en unos crueles fanáticos.

Por eso Jesús, **que vino a liberar y no a esclavizar**, rechazó tajantemente el 'poder" que le ofreció el Mal.

Tanto Gramsci como Lukács, hombres llenos de rencor y odio, pero no tontos, sabían perfectamente que Jesús es el único revolucionario de verdad, el único que se reveló contra la "normalidad del mal", y el único que nos propuso un mundo donde el hombre no sea un lobo para el hombre, sino todo lo contrario: *"Si uno quiere ser el primero, sea el último de todos y servidor de todos."* Por eso es odiado por los rencorosos, por los ansiosos de revancha, por los que quieren destruir por destruir, por los esclavistas, por los ávidos de poder, ¡por los que odian al Bien! Y, mientras nuestros corazones no cambien y vuelvan al Único que nos ama de verdad, su Rival seguirá engañándonos con una apariencia de progreso y libertad.

La única posibilidad de evitar la decadencia total de Occidente

Como acabamos de ver, nuestra Civilización se construyó sobre tres extraordinarios pilares:

a) **El empeño por encontrar la "Verdad"**, de la antigua Grecia, en contraposición al sistema cultural establecido por los que ostentaban el poder. De ahí su incansable búsqueda del Bien "ideal", de la Justicia "ideal", de la Libertad "ideal", de la Decencia "ideal", de la Honorabilidad "ideal", de la Mesura "ideal", de la Belleza "ideal", etc., etc.

b) **El respeto a la ley**, de la antigua República romana y del Imperio hasta Cómodo. De ahí al Estado de Derecho, que, <u>hasta ahora, nos había diferenciado del resto del mundo</u> y, lo más importante…

c) **El Cristianismo**, auténtica <u>rebeldía</u> contra la idea de <u>**"la normalidad" del Mal"**</u>, ubicando el Bien y la Verdad <u>por encima del ser humano</u>; única garantía de que ningún poder pueda apropiarse de ellos.

¡De tener estos "ideales" nos acusa la "progresía"! , mientras se muestra muy "complaciente" con otras culturas cuyas barbaridades, no es que clamen al Cielo, sino que ¡braman contra él! Una cosa es acusarnos de haber fracasado a la hora de ponerlos en práctica; esto es cierto. Pero tacharla de "despreciable", en comparación a otras culturas que se fundan en unos ideales radicalmente opuestos a los nuestros, no sólo es una estupidez, sino una auténtica tomadura de pelo.

No nos engañemos, el Mal detesta al hombre occidental cargado de experiencia, sabiduría y anhelo de libertad; nos quiere desmemoriados, incultos, pasivos, vagos, embobados y, tan aborregados, que renunciemos a la Libertad y nos entreguemos a él sin rechistar.

El Nuevo Orden Mundial no es nuevo ni es orden: es la eterna pretensión de instalar un "caos" <u>infernal</u>, donde la mentira sustituya a la Verdad, la maldad a la Bondad, el abuso de poder a la Justicia, el capricho a la Ley Natural, la esclavitud a la Libertad.

*   *   *

Para finalizar este pequeño estudio, recordaré una vez más el programa 2030. Espero que el lector que haya tenido la paciencia de haber llegado hasta aquí, ya haya tomado conciencia de quién es nuestro verdadero enemigo y quiénes son sus conscientes o inconscientes colaboradores...

- *En el año 2030, la gente no será dueña de nada. La propiedad privada y la privacidad <u>serán abolidas</u> durante la próxima década.*

- *Para limitar la emisión de dióxido de carbono, se fijará un precio global para los combustibles fósiles a un nivel exorbitante.*

- *El consumo de carne será minimizado.*

- *Los órganos no serán trasplantados, sino impresos en 3D.*

- *La humanidad podrá viajar a Marte, ya que los "científicos" están trabajando para convertirnos en una raza de superhombres, capaces de colonizar otros planetas.*

Y, para *"acabar con la fe de las masas occidentales en el cristianismo y en el sistema moral derivado del mismo"*, corrompiendo el alma de los hombres y de las mujeres occidentales desde la infancia hasta la universidad, a través de la mentira y de la manipulación de los grandes medios, a través del llamado "transhumanismo", y a través de la "kultura bazofia"; junto a una silenciosa —pero masiva— invasión de otras culturas, hasta acabar con la odiosa civilización cristiana… Por eso el NOM nos anuncia sin el más mínimo recato que todo esto se logrará cuando:

- *Los Estados Unidos* (es decir, un país occidental cristiano) *ya no sea la superpotencia líder.*

- *Cuando se produzcan mil millones de desplazamientos hacia los países occidentales.*

- *Los valores occidentales sean puestos a prueba hasta el punto de ruptura*

Ahora bien, el Mal <u>sólo triunfa temporalmente</u> cuando *"Él que gobierna según las leyes de la Justicia, cuya mirada distingue por todas partes el Bien y el Mal"*, suelta al Gran Engañador, para que hombres y mujeres reaccionen o vuelvan hacia atrás…

En el Apocalipsis, capítulo veinte, podemos leer: *"Luego vi a un Ángel que bajaba del cielo, portando la llave del abismo en una mano y una gran cadena en la otra. Y atrapó a aquella antiquísima Serpiente, que es el Diablo* (el ego), *y lo encadenó por mil años* (los mil años que, tras la muerte de Jesucristo, duró la Edad Media, o época de purificación) *y lo encerró en el abismo para que no siguiese engañando a las gentes, hasta que se cumplan otros mil años* (aproximada mente hacia el 2030), *después de los cuales será soltado, pero por poco tiempo...*

Para un hombre y una mujer que tengan dos dedos de frente, aunque el mundo en el que les ha tocado vivir parezca que se está derrumbando a su alrededor, saben que, si no se dejan engañar por el Mal, el Bien siempre les protegerá …

¡Hombre, considérate a ti mismo!
En la eterna lucha entre el Bien y el Mal, toda la naturaleza está trabajando constantemente para producir la Gran Redención;
toda la creación sufre, y se agita en dolores de parto
para liberarse de la vanidad del tiempo, y
¿tú seguirás dormido?

Ten en cuenta que todo lo que oyes o ves te muestra lo que la eterna luz o la eterna tiniebla ha producido; pues, como el día y la noche se reparten la totalidad de nuestro tiempo, así el cielo y el infierno se reparten nuestros

pensamientos, palabras y actos.
Haz o proponte hacer lo que quieras, que siempre eres agente de lo uno o de lo otro. No puedes permanecer neutral o al margen, porque vives en el perpetuo obrar de la naturaleza temporal; si no actúas con el bien, el mal que hay en ella, te arrastrará consigo.
Sin embargo, tú tienes la altura y profundidad de la eternidad y, por tanto, cualquier cosa que hagas, ya sea en tu soledad, en tu trabajo, en tu hogar, en tu comunidad, etc., estás sembrando lo que crecerá
y se cosechará en la eternidad.

William Law
Místico inglés del siglo XVIII

"La vida siempre te repite el mismo mensaje, si es necesario a gritos, hasta que finalmente lo escuches".

Bert Hellinger (1925-2019)
exsacerdote, médico y psicoanalista alemán.

Barcelona, agosto de 2021

ricardobeleta@yahoo.es